甘肃散见佛教
石刻造像调查与研究
天水卷

李宁民　王来全 ◎ 主编

教育部人文社会科学
重点研究基地重大基金项目
主持人：杜斗城

文物出版社

**图书在版编目（CIP）数据**

甘肃散见佛教石刻造像调查与研究·天水卷 . 李宁民、王来全 主编

—— 北京 : 文物出版社 , 2018.9

ISBN 978-7-5010-5637-8

Ⅰ . ① 甘… Ⅱ . ① 天… Ⅲ . ① 佛像—石刻造像—调查

研究—天水 Ⅳ . ① K879.34

中国版本图书馆 CIP 数据核字（2018）第 162901 号

## 甘肃散见佛教石刻造像调查与研究·天水卷

主　　编 / 李宁民　王来全

责任编辑 / 许海意

责任印制 / 张道奇

责任校对 / 陈　婧

装帧设计 / 谭德毅

出版发行 / 文物出版社

社　　址 / 北京东直门内北小街 2 号楼

邮政编码 / 100007

网　　址 / http://www.wenwu.com

邮　　箱 / web@wenwu.com

经　　销 / 新华书店

制版印刷 / 天津图文方嘉印刷有限公司

开　　本 / 889×1194毫米　1/16

印　　张 / 15

版　　次 / 2018年9月第1版

印　　次 / 2018年9月第1次印刷

书　　号 / ISBN 978-7-5010-5637-8

定　　价 / 280.00元

天水市博物馆历史文化丛书之八

教育部人文社会科学重点研究基地重大基金项目

# 甘肃散见佛教石刻造像调查与研究·天水卷

**项目主持**　杜斗城

**主　　编**　李宁民　王来全

**编辑成员**　李宁民　王来全　朱姝民

**调查人员**　秦安县博物馆　王多庆

　　　　　　麦积区博物馆　田德海　丁文俊

　　　　　　甘谷县博物馆　刘克生

　　　　　　清水县博物馆　全永清

　　　　　　张家川回族自治县博物馆　孙志平

　　　　　　武山县博物馆　兰永平

**摄　　影**　郑文玉

**碑　　拓**　孟旭辉

# 序言

杜斗城

　　《甘肃散见佛教石刻造像调查与研究》，是我 2005 年申请的"教育部人文社会科学重点研究基地重大基金项目"。申请到此项目之后，我带领研究生跑遍了河西走廊、陇原大地，掌握了大量的资料。但越往后，事情越难做了：一是申请的经费几乎用完；二是各地都非常重视保护自己的文物，看东西越来越难，在许多情况下，要通过熟人关系才能看到文物，而且还不得照相等等。在此情况下，我想到了担任天水市博物馆馆长的学友李宁民先生。正好，李宁民先生来访，我便将此事与他谈及，并请求他完成天水市的工作。不久，李宁民馆长答应了。经过几年的艰辛劳动，李宁民馆长与王来全主任等同志终于完成了《甘肃散见佛教石刻造像调查与研究·天水卷》。2014 年 11 月，我在天水参加"世界文化遗产·甘肃论坛"大会期间，王来全同志将此书稿送来，并转达了李馆长要我写序言之意。我于此书出力甚少，写序有愧，但由我在前边说几句话，却又是义不容辞的。

　　此书初稿的内容包括两部分：一、天水市散见佛教石刻造像（包括石造像塔、石造像及石造像碑等）的照片；二、文字描述（包括基本情况介绍、尺寸、年代、造像题记等）。

　　以我的看法，这两部分内容，都是非常重要的。因为这是基本资料，任何人要了解天水佛教，研究天水佛教（无论是佛教史，还是佛教艺术），都必须首先掌握这些资料。研究佛教的资料一般分两部分，一部分是文献资料，一部分是现存佛教文物。在现存佛教文物中，研究者往往比较重视对石窟寺的研究，一提到天水佛教，人们必言麦积山石窟、拉梢寺石窟、水帘洞石窟、甘谷大佛等，而往往忽视了藏于天水各地博物馆和民间的散见佛教造像塔、造像碑及各种佛、菩萨造像等。而这类佛教文物中，往往保留一些大型石窟中看不到的资料，如造像供养人题记等，其中不时记有供养人的官职、姓名、年月、供养目的等信息，不但为研究佛教提供了重要内容，往往为大型石窟的年代分期提供了重要依据。总之，散见于各地博物馆和民间的佛教雕刻，是不可忽视的，是非常珍贵的。可惜，人们往往不太重视这些资料，而这些资料也大多没有发表过，利用起来非常困难。《甘肃散见佛教石刻造像调查与研究·天水卷》，把天水市现能见到的资料尽可能全面搜集，丈量尺寸，详尽描述，认真记录题记，有些还附有拓本，这无疑是一部有功于学术界的不朽之作。

我常想一个问题，搞社会科学，什么样的作品到底能永留于后世呢？这虽然是一个社会承认和认同问题，其实际上也要看作者对社会贡献的大小。现在国家项目不少，省部级项目很多，浪费了不少纳税人的钱财，有用的东西有多少呢？值得研究！我在这里只是想说明，李宁民、王来全等同志的这部心血之作，可能在这个世界上要留传的时间会更长一些。

需要说明的是，李宁民、王来全等同志毕竟工作在天水市博物馆，要进行学术研究，条件有限，特别是资料缺乏，信息不畅，再加上基层俗务太多，时间有限，使得他们对有些问题的研究未能深入下去。我认识李、王两同志几十年了，我常和他们开玩笑说，你们如果来在大学教书，也照样是好教授。李宁民同志对天水历史、掌故、文物古迹非常熟悉，且善于思考，是天水市文博界的领军人才；王来全同志以前在甘谷大像山工作，于佛教艺术研究颇有心得，喜欢探讨学问，钻研问题。他们都应该有更多、更好的研究成果提供给学术界。我祈愿两同志能拨开俗务，在《甘肃散见佛教石刻造像调查与研究·天水卷》的基础上，再做进一步的深入研究，发表更好的成果让学术界品赏！

2014 年 12 月 17 日

# 前言

李宁民

天水，古称秦州，地处甘肃东南部、渭河上游，是古丝绸之路上的重镇。数千年来，远古先民在这里创造了非凡的文明成果，从传说时代的人文始祖伏羲氏，到考古发掘的大地湾人，到明确记载的秦人羌戎，都在流淌不息的渭水两岸留下了他们永不磨灭的辉煌成就。汉代后，创立于印度的佛教也随着"丝绸之路"的开通传入中国。天水作为处在中西交流通道中的重要节点城市，在佛教文化的传播过程中，起到了西通西域、东达中原的重要作用。

从文献记载来看，早在西晋时期，高僧竺法护、帛法祖就曾在天水翻译佛经等。十六国时期，随着麦积山等石窟的开凿，活动在天水的高僧更多，高僧玄高来到麦积山时僧众已有百余人。《高僧传》中还记载了秦州籍高僧僧隐先在秦地出家，后从玄高学禅，又西游巴蜀，东下江陵，备穷经律，使"禅慧之风被于荆楚"等等。

北魏统一北方后，由于朝廷奉佛，特别是文成帝时，在平城开窟造像，使佛教得以发展。孝文帝迁都洛阳，为佛教的进一步传播提供了更宽广的空间。至宣武帝、灵太后时，佛教达到了当时的顶峰。隋唐时期，中西交流更加频繁，佛教文化也随之得以快速发展传播，开窟造像、兴建寺院、翻译佛经、供奉佛像更为盛行，特别是开大窟、造大像是这一时期佛教造像的显著特征。在此期间，天水也修建了许多佛教寺院，如甘谷大像山等。唐以后，天水和其他地方一样，佛教活动有兴有衰，但作为区域性佛教文化中心一直延续不断。

2011年秋，我与王来全拜访兰州大学历史文化学院教授、博士生导师杜斗城先生时，杜先生提出，要我负责完成教育部人文社会科学重点研究基地重大基金项目"甘肃散见佛教石刻造像调查与研究"中的天水卷的工作。

我返回单位后，征求有关人员意见。经讨论，大家认为，佛教自两千年前传入中国，历经传播、发展与本土化的过程。在这个漫长的演变过程中，一直影响着国家的政治、经济、文化活动以及老百姓的生产生活，甚至在社会高度发达的今天，佛教文化影响力依然很大。天水作为古丝绸之路上的重要城市，佛教文化遗存丰富多样。近年来，天水佛教文化研究的进程在加快，成果较多。尽管如此，就研究对象来看，基本上是以石窟寺和寺院为主，而对于佛教文化可移动遗物还没有进行过全面系统的调查与研究。通过调查这类佛教文化遗物，研究其分布和类型，分析其艺术特点和文化内涵，对于探索佛教文化在陇东南地区的发展轨迹无疑有着重要的价值。作为文博工作者，承担这一课题，意义重大。此外，大家还就课题研究的指导思想、方法、路线等进行了讨论。

经过近一年时间的谋划，2012年10月，我们一行5人先后在秦安县博物馆王多庆、麦积区博物馆田德海、甘谷县博物馆刘克生、清水县博物馆全永清、张家川回族自治县博物馆孙志军、武山县博物馆兰永平等同志配合下，开展调查研究工作。调查的重点以反映佛教内容的石造像塔、石造像碑、石造佛像等石刻遗物为主，兼顾其他一些佛教遗物。

前后历经三个阶段。

第一阶段，查找文献。对地方志和相关文献记载等进行查阅和摘录，了解本区域佛教文化的发展变化和传播轨迹。

第二阶段，走访调查。根据文献记载和访问民间人士得到的线索，按县区进行筛选调查。首先查阅当地博物馆佛教藏品档案，分析其佛教遗存的原始信息，并对其所有信息进行记录，对于缺失的信息我们现场予以补充，如丈量尺寸、拍照等；其次在县区文博单位人员的引导下，根据掌握的线索，深入寺庙、有关单位和居民家庭进行走访调查。对于新发现的佛教遗物，我们都尽可能调查清楚其来源并做详细记录和拍照。

第三阶段，整理研究。首先对已调查的佛教石刻遗物进行描述和诠释；其次划分大类按时代进行排序；第三对该地区佛教文化的传播和流行进行梳理，研究其时代发展变化情况，重点将新发现和主要价值作专题研究。

2014年6月，调查工作基本结束，后又历经两年时间进行了资料整理和编写工作。

在本书编写过程中，我们考虑，为了大家查阅方便，全面了解天水地区佛教造像特点，将调查过程中发现的所有石造像塔、石造像及石造像碑等，包括残损物全部进行了收录。其中石造像塔38件，石造像54件，石造像碑12件。

现将《甘肃散见佛教石刻造像调查与研究·天水卷》的所有资料整理刊行，供大家参考。囿于能力，难免舛误，敬请方家指正。

2017年1月于天水市博物馆

# 目　录

## 石造像塔

## 石造像

## 造像碑

# 石造像塔

石造像塔，是信奉佛教者为尊佛礼拜而专门雕刻的一种石质塔形器物。通常是分级雕刻后叠垒成塔，有单层与多层、方形与圆形等类型，一般一周或四面以佛教经典内容为主题雕刻图像，放在寺庙、石窟等佛事活动场所或在宅院设置佛堂供奉。天水地区发现的石造像塔多为方形，单层、多层都有，以北朝时期者居多，其中秦安县发现的数量较多，且普遍雕刻精美，保存状况良好。本书共收录石造像塔 38 件，其中北魏时期 10 件，西魏时期 10 件，北周时期 18 件。

# （一）
# 四面佛石造像塔

第一面

秦安县博物馆原登记为南北朝，调查认为是北魏初期。砂岩石质。该塔整体为一层，高10.5、宽7厘米。1989年7月征集于秦安县王尹乡张底村，秦安县博物馆藏。

造像塔分三部分，由塔顶、塔身和底座组成。塔身部分四面开圆拱形龛并雕佛、菩萨像，四角圆形柱头上刻莲花。上部为庑殿顶造型，边沿有残损；下部为梯形方台，四边角有冲口。

第一面，圆拱形龛内刻一佛，结跏趺坐，禅定印。佛面相长圆，高肉髻，双耳垂肩，着通肩大衣，胸部刻"U"字形纹饰，衣纹简略。

第二面

第三面

第二面、第四面与第一面造型基本相同。

第三面，圆拱形龛内刻一菩萨头像，面相长圆，造型夸张。以五条阴刻线表现披巾，从头顶顺势而下交于胸前。

第四面

# （二）
# 四面佛石造像塔

第一面

第一面，圆拱形龛内刻一人物，侧身盘腿坐于象背上。人物身体修长，面相清秀，头饰宝冠，右手上举，手拿管状物；左手置胸前，广袖衣摆垂于象腹。大象恬静站立，躯体圆硕夸张，象鼻朝前翘起，左前腿缺损。此面雕刻内容似为"乘象投胎图"。

原登记为六朝，调查中根据造像风格判断应为北魏晚期。花岗岩石质。现存一层，高22.5、宽15.5厘米。四面均开圆拱形深龛，半圆雕造像。1988年征集于秦安县郑川乡邢泉村，秦安县博物馆藏。

第二面，圆拱形龛内楣下刻有叶状饰物。左边损，所雕内容漫漶不清。右边佛像挺胸而立，束高圆髻，秀骨清像，"曹衣出水"式衣纹，跣足。左手臂抬起，上搭纱缦；右臂向上，手伸前方。下刻三小儿，一小儿跪伏在地上，后背拱起，昂头；一小儿一足踩于前者小儿背上，另一足蹬在其头上，身体后仰，手高举，向佛伸出的手作投放状，旁边站立一小儿在身后扶持。

《贤愚因缘经》"阿输迦施土缘品第三十五"云："一时佛在舍卫国祇树给孤独园。尔时世尊。晨与阿难。入城乞食。见群小儿于道中戏。各聚地土。用作宫舍。及作仓藏财宝五谷。有一小儿。遥见佛来。见佛光相。敬心内发。欢喜踊跃。生布施心。即取仓中名为谷者。即以手掬。

第二面

第三面

欲用施佛。身小不逮。语一小儿。我登汝上。以
谷布施。小儿欢喜。报言可尔。即蹑肩上。以土
奉佛。佛即下钵。低头受土。"故此面所雕人物
与三小儿图应为"阿育王施土"。

　　第三面，龛内左边刻一树下思惟人物像，树
枝叶盖顶。人物体形修长，坐于台座上。左手上
撑前倾头部，右手抚膝，裙摆八字形撇开于座下。
右边刻一人物侧向左面站立，束高髻，着长衣。
似为悉达多太子树下思惟、观菩提树图。

　　第四面，龛内刻一佛二弟子。佛高肉髻，结
跏趺坐，秀骨清像，施无畏、与愿印。着双领下
垂大衣，内着僧祇支，裙摆垂于佛座前，衣褶繁缛，
下刻长方形槽。二弟子侍立于佛座上，应为阿难、
迦叶。

第四面

# （三）
# 四面佛石造像塔

北魏。花岗岩石质。底宽
11.6、高 15.9 厘米。天水市博物
馆旧藏。

第一面

第一面，梯形框内开尖拱形佛龛，龛楣两上角各雕一半侧面佛
首。龛内雕一坐佛，结跏趺坐，手结禅定印。着通肩大衣，上衣搭左肘，
衣摆垂于佛座前呈大半圆形。坐姿安详。

第二面

第三面

第四面

　　第二面，梯形框内开尖拱形佛龛，雕一交脚
弥勒菩萨坐于须弥座上。头戴化佛冠，面部磨损，
宝缯垂肩，有项饰，披巾搭肘，璎珞交于腹部打结，
衣摆垂于须弥座两边。

　　第三面，长方形龛内刻一佛，跣足站立于圆
形台上，施无畏、与愿印。面相较圆，肉髻较高，
着通肩大衣。龛内上方左右两角各雕一树叶锦簇。

　　第四面，长方形龛内刻一佛，结跏趺坐于长
方形座上，施禅定印。佛面部残损，着通肩大衣，
衣摆垂至佛座下呈半圆形，衣褶繁复。佛上方左
右各刻一飞天，前伸双手共捧一盘供物，身形飘
逸，衣袂飞起。

## （四）
# 四面佛石造像塔

北魏。花岗岩石质。现存一层，高 34、底宽 29 厘米。四边均有破损。秦安县兴国镇丰乐村出土，秦安县博物馆藏。

第一面

第一面，长方形龛内刻一菩萨，倚坐于方形座，面部残损，肩搭披巾，有项饰，下着长裙束于腰间，脚踏仰莲台上，下摆垂至莲台，两脚尖外露，两手臂残损。左右两边框均缺损。

第二面

第三面

第二面，方形龛内刻两佛并坐，"U"字形衣纹，龛两边均残，似为释迦、多宝说法像。

第三面，尖楣圆拱龛内刻一佛，面部残，结跏趺坐，禅定印。着通肩大衣，衣摆繁缛，垂于佛座前沿。左框底和右上边残缺。

第四面，残损严重，框底残缺。龛内刻一坐佛，结跏趺坐，佛上方刻两身高浮雕飞天。

第四面

# （五）
# 四面佛石造像塔

第一面

北魏。花岗岩石质。塔仅存一层。通高33.1厘米。2012年11月5日在天水市麦积区中滩镇四合村演营寺发现并记录命名，现收藏于该寺。

　　第一面，梯形框内开人字形佛龛，龛楣两上角似各刻有两尊化佛。龛内雕一佛二菩萨，三尊像头部均残。主尊身后有舟形背光，结跏趺坐于方形台座上，禅定印；着通肩大衣，衣摆垂于座前，衣着繁复厚重。二菩萨跣足站立于两侧，有项饰，披巾搭于臂上，长裙曳地，余皆磨损不清。框底长 21.6、高 6 厘米，上刻有铭文，但因磨损漫漶不清。左、右边框损。

第二面，梯形框内开"人"字形佛龛，龛楣上刻有两伎乐。龛内雕一佛二菩萨，三尊像头部均残。主尊身后有舟形背光，半跏趺坐于方形须弥座上，衣褶繁复，衣摆垂于座前，余皆漫漶不清。二菩萨跣足站立于两侧，只依稀可见双手交叉于腹部，余皆磨损不清。下底宽 23.8、上底宽 23.4 厘米。左、右边框损。

第三面，梯形框内开"人"字形佛龛，龛楣上有雕刻痕迹。龛内雕一佛二菩萨，主尊坐于方形台座上，身后有舟形背光，头部损，长颈，衣褶繁复，垂于座前。二菩萨侍立两侧，右菩萨头部残，身挂披巾，长裙曳地，余皆漫漶不清；左菩萨头戴宝冠，面部残损，亦是身挂披巾，长裙曳地。框底有覆莲。左上角残。

第四面，缺损。

第二面

第三面

## （六）
# 四面佛石造像塔

第一面

北魏晚期。花岗岩石质。现存一层，上底宽24.3、下底宽25.3、通高35厘米。2012年10月30日发现于天水市麦积区三阳川石佛寺。

第一面，梯形框内开圆拱形佛龛，龛内雕一佛二菩萨。主尊结跏趺坐于方形台座上，头部残，着通肩袈裟，内着僧祇支，衣摆下垂于座前呈半圆形。二菩萨刻在边框上，仅左菩萨可依稀见大致轮廓。左、右边框残。

第二面

第四面

第二面，梯形框内开圆弧形佛龛，龛内雕一思惟菩萨，半结跏趺坐于方形须弥座上。头部残，左臂抚腮，手部残。左脚搭于右股上，右腿下垂着地。右手置于左脚踝处，衣饰磨损不清。右边缺失。

第三面，残。

第四面，开圆拱形佛龛，仅余右边一半，有一坐佛，似为二佛说法图。

## （七）
# 双层佛石造像塔

第一面

北魏。花岗岩石质。高24、宽10、厚10厘米。发现于麦积山西崖，麦积山石窟艺术研究所藏。

造像塔整体雕刻，二层，三面造像，一面为素面。

第一层第一面、第三面、第四面均污损残缺，原雕造像已无法辨认或模糊不清。第二面，素面，未雕，有大片明显污迹，墨书："椿眼内移下□。"

第二面

第三面

第二层第一面、第四面雕刻内容基本相同。长方形龛内雕一坐佛，高肉髻，面相方圆，面部磨损不清。

第二层第二面造像现已漫漶不清。有墨书："西崖，一九六六年七月□日□□。"

第二层第三面于长方形龛内雕一坐佛，余皆漫漶不清。上部全缺损。

第四面

## （八）
# 双层佛石造像塔

北魏。花岗岩石质。通高31.5厘米，塔底上宽11.5、下宽13厘米，中间塔檐宽10厘米，塔顶边檐宽9厘米。1958年甘谷县二十里铺铁瓦寺院内（华盖寺石窟下）出土，甘谷县博物馆藏。

造像塔共两层，整石刻成。歇山顶，四面均为梯形框内开圆拱形佛龛，每面龛内均雕一坐佛，造型大体一致，仅在造型、肉髻大小、面相等细节处略有变化。均结跏趺坐，施禅定印。佛高肉髻，两耳垂肩，面部磨损不清。雕刻手法简略概括，无衣纹细节刻画。中间有塔檐，瓦沟清晰，塔底为方形底座。保存基本完好。

第一面

第二面                    第三面                    第四面

（九）

# 双层佛石造像塔

第一面

北魏，原记录为隋。花岗岩石质。通高 32.8 厘米。两层一体塔身，整个造像塔四面均开龛并雕像。天水市麦积区博物馆藏。

造像塔分两层雕刻，造像内容及雕刻手法基本一致。均为圆拱形龛内雕一佛，结跏趺坐，禅定印。表面磨损，佛像面部、衣饰模糊不清。造像有些部位后期有修补。

第一层与第二层之间有塔檐，顶部为歇山式，屋面瓦楞清晰。塔底残损。

第二面

第三面

第四面

（十）
# 宝塔形石造像塔

第一面

北魏。青灰石质。塔底座宽10、高 35 厘米。天水市博物馆旧藏。

塔顶雕圆形两级塔刹，塔身四面开龛造像。三面有雕像，一面只有最初的刻画线，尚未雕刻，似为未完工作品。

第一面，圆拱形龛内雕一佛，结跏趺坐于长方形座上，施禅定印，高肉髻，圆脸，着通肩大衣，衣摆搭于佛座前沿。

第二面

第三面

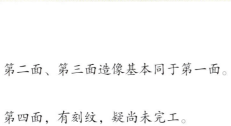

第二面、第三面造像基本同于第一面。

第四面，有刻纹，疑尚未完工。

第四面

## （十一）
# 四面佛石造像塔

第一面

西魏大统四年（538 年）。砂岩石质。现存一层。高 57、宽 47 厘米。1990 年 5 月 4 日秦安县郭集乡邵庄村北湾组出土，秦安县博物馆藏。

整个造像塔四面开浅龛雕刻并有铭文，第一、三、四面共刻铭文 160 余字；第四面铭文最多，达 107 字。

第一面，梯形框内雕刻成两部分。上部开方形龛，刻一佛二菩萨。主尊像高肉髻，结跏趺坐于方形平台上，面部损伤，施无畏、与愿印。衣着为双领下垂式，内着僧祇支，衣摆垂于佛座前，呈燕尾状，衣褶繁缛。两菩萨跣足站于佛两侧圆台上，圆形头光，束高髻，身姿适然自若，面相清秀略长，有项饰和璎珞，披巾自两肩下垂交叉后搭于两臂。靠内侧手上举，靠外侧手下垂持物。下部采用减地法雕刻十个供养人，束高髻，面形圆长，皆左手下垂，右手持长枝莲蕾，上着交领大袖襦，宽带束腰，下着宽厚筒裤，两脚并放，侧身面向左排列。底边框和右下边框刻绳纹，左边框中下部刻忍冬纹。左、右上边框均刻铭文，左："……供养佛"。右："弟王疆吴妹王胡小□胡/息秦庚/清信/隔权/会女"。

第二面，开龛内容与第一面基本相同，不同之处在于边框纹饰雕刻及龛下部供养人细节刻画。除整个右边框通刻绳纹外，余三边框均为素面。下部十个供养人上身着交领大袖襦，下身长裙，斜拖于地；最左首一人两手抱于腹前，其余九位右手皆执莲枝花蕾；左六人皆结发留尾，右

四人结发束髻偏后。十人面部一律向右，人物呈徐徐前行状。

第三面，梯形框内由上、下两部分组成。上部刻三位菩萨。主尊弥勒菩萨交脚坐于双瓣覆莲台上，面部、手部残损。宝缯结于后呈鸟翅状展开，有项饰、璎珞、披巾。两侧菩萨跣足立于圆台上，圆形头光，上身披巾，下着裙，衣褶繁缛。菩萨头顶部帷幔分组刻如意纹。下部刻十个供养人，左起前五人造型与第一面供养人基本相同，后五人衣饰与第二面相同，头发结为丫形髻。上边框与左边框刻有铭文，右边框通体刻绳纹。上边框铭文："清信/吕小女/供养/佛□时/清女/权绣/□共/养时/弟子/□秦树共/养时/□买/□/松"。左边框铭文："□共养时合家大小现世安隐□常□与□佛□会佛弟子吕□温/往世"。

第二面

第三面

第四面

第四面，梯形框内雕刻成上下两部分。上部开方圆拱形龛，刻一佛二菩萨。主尊面部损，结跏趺坐于方形座上，施无畏、与愿印，双领下垂式大衣，内着僧祇支，衣摆下垂于佛座前，裙摆与佛座底边平齐，衣褶繁缛，线条流畅。二菩萨面部有损，跣足分别站于方形和圆形台上，双手合十，戴项圈，披巾下垂交叉后搭于两臂。下部刻铭文和车马出行图。出行图左边为牵马仪仗，马作前行状，一人左手牵马，右手上举作执鞭状。左起两人面向右，一人执熏炉，一人执团扇，皆左手置腰间，戴幞头，着交领大袖襦服饰，穿宽厚筒裤，宽带束腰。右边牛车前行，车帷幔有风

动感，两车窗内刻有两人物头像（应为功德主），牵牛人倾身前行，作赶牛状。牵马人及牵牛人身形小于队首执物二人，牵马人上身衣饰同前，下身着束腿筒裤。左边框通体刻绳纹，右边框刻三角席纹。

车马图上部刻铭文："□□□□□□□□/□□□入□沙罗险/钵□深□舆众生载卯/如□涓若饥如来济（涓：音法）/润死有□所□□子/三□咸□荧心三宝/造石佛图三劫上/为显□比下历劫/诸佛七世父母现/□秦吕□□劫群生/□时成佛永愿□善/心□□□劫/大统四年太/岁在戊午□五/月辛未朔廿/三日壬午值/□吉时立佛图"。

# （十二）
# 四面佛石造像塔

第一面

西魏。砂岩石质。现存一层。高60、底宽53厘米。1986年秦安县好地乡政府出土，秦安县博物馆藏。

第一面，尖拱形佛龛内刻一佛二菩萨像。主尊半结跏趺坐，刻有舟形背光，着通肩大衣，内着僧祇支，裙摆下垂于方形佛座前，衣褶繁缛，左右手及面部已残。两菩萨立于覆莲座上，有舟形头光，面部均残，左菩萨半部已残，右菩萨披巾交于微挺的腹部上，右手上举，左臂曲手下垂。龛楣左角已残损，内侧刻一化佛；右角刻有造型不同的两尊化佛，外侧化佛有舟形背光；内侧化佛造型与左角内侧化佛相同。

第二面、第三面雕刻内容和布局与第一面基本相同，不同之处在于龛楣左右两角各雕有三尊化佛，外侧两化佛造型与第一面龛楣右角外侧化佛相同，内侧四尊化佛与第一面内侧化佛造型相同。除一佛二菩萨面部残缺外，整个画面相对完整。

第四面是雕刻内容最多、最为精细的一面。虽然内容与其他三面基本相同，但主尊背光外侧两边各浮雕一化佛，均有背光；且龛楣所雕化佛数量较之前三面多，即外侧各刻两尊化佛，内侧亦似两尊化佛。佛及菩萨面部均损，衣饰等亦有不同程度残损。

第三面

第二面

第四面

（十三）
# 四面佛石造像塔

西魏。花岗岩石质。现存一层。高 34.5、底宽 27 厘米，三边残损。秦安县王铺乡出土，秦安县博物馆藏。

第一面

第一面，高浮雕一佛二菩萨二弟子像。主尊结跏趺坐于方形座上，高肉髻，手、面部已损，衣纹不清。二菩萨腹部微挺，面部、腿部漫漶不清。二弟子仅残存轮廓。佛龛上部刻两相向飞天，双髻宝冠，颈饰项链，两手上举至头部，披巾搭肩绕臂而飘扬，腰系长裙，身体修长。

第二面

第三面

第二面，左边框残，龛内刻一佛二菩萨。主尊结跏趺坐于方形座上，裙摆下垂。左菩萨已损，右菩萨残。佛首左上方残存纵向排列两龛，上龛刻禅定佛一尊，下龛磨损，内容不明。

第三面，右边框残缺，整个画面残，只可见一坐佛。

第四面，整个画面残损较多。中间刻一坐佛，结跏趺坐于方形座上，右手上举，左手下垂，裙摆下垂于座前。佛首右侧刻两龛纵向排列，上龛为一佛，与主尊形同；下龛为方形，画面不清。

第四面

# （十四）
# 石造像塔

西魏。花岗岩石质。现存一层。高31、底宽26、顶宽23.5厘米。佛、菩萨面部均损，塔四角有残损。秦安县兴国镇天王殿基下出土，秦安县博物馆藏。

第一面

第一面，梯形框内开尖拱形龛。龛内刻一佛二菩萨，主尊结跏趺坐，似施无畏、与愿印，衣摆下垂于佛座前。二菩萨面部、衣饰等磨损，只见身形。龛楣上方似刻五尊小化佛，其中外侧两尊残损无法辨认。

第二面

第三面

第四面

第二面，梯形框内开尖拱形龛，龛楣上方刻两组呈半圆形树木。龛内刻一佛二菩萨，主尊结跏趺坐于方形须弥座上，似施无畏、与愿印。高肉髻，衣领交于胸前，衣摆下垂于座前呈半圆形。二菩萨侍立两侧，左菩萨残损，右菩萨面部损，头戴宝冠，左手下垂、右手上举，长裙及地。

第三面，梯形框内开尖拱形龛，龛内刻一佛二菩萨，龛楣上方刻有团花。主尊结跏趺坐，似施无畏、与愿印，衣摆、佛座破损。左菩萨面部、足部损，可见肩部披巾，下身长裙；右菩萨残损。

第四面，梯形框内开尖拱形龛，龛内刻一佛二菩萨。主尊结跏趺坐，高肉髻，似施无畏、与愿印。佛及菩萨表面磨损严重。龛楣上方中间刻五瓣宝相花，两边各刻有两个圆形物。

## （十五）
# 四面佛石造像塔

第一面

西魏。砂岩石质。现存一层。通高 33.8 厘米。"文革"前天水市麦积区五龙乡中石村东关门地下出土，麦积区五龙乡龙林观藏。调查组于 2012 年 10 月 30 日发现并鉴定命名。

　　第二面，下底宽 26.9、上底宽 24.2 厘米。梯形框内开尖拱形佛龛，龛内雕一佛二菩萨。主尊站立，高肉髻，施无畏、与愿印，溜肩，着通肩大衣，胸部"U"字形衣纹，面部残。二菩萨头戴花冠，戴项圈、披巾，长裙曳地。左菩萨右手执桃形环饰，头部及下身左半部至框角残；右菩萨左手执如意，右手置于腹部。

　　第一面，下底宽 28.6、上底宽 25.3 厘米。梯形框内开圆拱形佛龛，龛内雕一佛二弟子。主尊坐于佛座上，面相方圆，坐姿及衣饰漫漶不清，依稀可辨似为说法印。二弟子立于佛两侧，左弟子身披袈裟，面部模糊；右弟子下身残，头部、面部模糊。框底雕有一牵牛人和两头牛。龛楣上方雕两飞天相向飞行。

　　第三面，下底宽 27.2、上底宽 25.7 厘米。梯形框内开圆拱形佛龛，龛内雕一佛二菩萨。主尊半结跏趺坐于方形须弥座上，左、右手残，依稀可辨似施无畏、与愿印，高圆肉髻，面相方圆，着双领下垂式大衣，

第二面

第三面

衣摆垂于佛座前，衣纹密褶。二菩萨站立，头戴宝冠。左菩萨长裙曳地，有项饰、披巾，右手执桃形环饰，左手上举，所执物不明；右菩萨右手执桃形环饰，半身残。下部长方形框内有两弟子（右已残）向中跪拜，中有一物似香炉。右边框及右下框角残。

第四面，下底宽 26.5、上底宽 25.8 厘米。梯形框内开尖拱形佛龛，龛楣右侧刻一草纹。龛内雕一佛二菩萨，头部均残。主尊结跏趺坐于方形座上，施无畏、与愿印（手部残，依形状判断），着双领下垂式大衣，衣摆垂于佛座前。二菩萨跣足站立于佛两侧。左菩萨头戴宝冠，有项饰、披巾，长裙曳地，右手似持物；右菩萨披巾垂于肘下，衣饰模糊不清。下部框底素面，左边框及框底左下角残。

第四面

## （十六）
# 四面佛石造像塔

第一面

西魏。砂岩石质。现存一层。通高 28.4 厘米。麦积区五龙乡龙林观藏。

第一面，下底宽 22.4、上底宽 22 厘米。梯形框内开尖拱形佛龛，龛内雕一佛二菩萨。主尊跣足站立于圆形台上，施无畏、与愿印，高圆肉髻，面相较圆，着双领下垂式大衣，内着僧祇支。二菩萨侍立于莲花台上，头戴宝冠，斜披络腋，长裙垂地。右上框角残。

第二面，下底宽 21.7、上底宽 19.1 厘米。梯形框内开方形佛龛，龛内雕一大树，树下雕悉达太子思惟像和一弟子。思惟像居中，面部丰圆，右手抚腮。左侧弟子结跏趺坐，略向内倾，身披袈裟，面部残。右边树干粗壮，树冠茂盛，树叶、树枝交叉清晰。自左上边框向下至底框整体开裂。

第三面，下底宽 22.5、上底宽 19.4 厘米。梯形框内开尖

第二面

第三面

拱形龛，龛内雕释迦、多宝二佛说法像。二佛坐于方形台座上，施无畏、与愿印，面相清秀，均着双领下垂式大衣，衣摆垂于座前。自右上边框至左下框底开一裂缝。

第四面，下底宽 23.3、上底宽 21.7 厘米。梯形框内开尖拱形佛龛，龛内雕一佛二菩萨，头部均残。主尊半结跏趺坐于方形台座上，着双领下垂式大衣，内着僧祇支，衣摆垂于佛座前。二菩萨侍立两侧，依稀可见头戴宝冠，有项饰，披巾搭于臂上，长垂于地。

第四面

## （十七）
# 华盖式四面佛石造像塔

第一面

西魏。花岗岩石质。现存一层。通高 38.1 厘米，下底宽 29.8、上宽 26.9 厘米，其中第四面下宽 30.4、上宽 26.8 厘米。2012 年 10 月 30 日发现于麦积区石佛镇赵沟村灵应寺，现收藏于该寺。

第一面，梯形框内开华盖式龛，龛楣上方左、右两侧各雕两化佛。龛内雕一佛二菩萨二弟子。主佛半结跏趺坐于方形须弥座上，施无畏、与愿印；面相长圆，高肉髻，两耳垂肩；着双领下垂式大衣，内着僧祇支，衣摆垂于座前呈半圆形，衣褶繁复。二菩萨跣足站立于圆台上，左菩萨头戴宝冠，有项饰，宝缯垂肩，面部磨损不清，披巾结于胸前，右臂微向前伸；右菩萨头部损，依稀可见头戴宝冠，有项饰，双臂拱于胸前，广袖下垂至膝部，左下框角损。二弟子侍立佛两侧，面部磨损不清，双手合十。

　　第二面，梯形框内开华盖式龛，龛楣上方左、右两侧又开小龛，内各雕一小化佛。龛内雕一佛二菩萨。因造像塔自上而下中破两半，缝隙破在佛像身中，根据留存部分可判断应为：佛坐于方形台座上，施无畏、与愿印；二菩萨侍立两侧，有头光，腹部微挺，左菩萨头戴宝冠，大耳，面部磨损不清，未见项饰，左手似持桃形环饰，右手前伸，披巾搭于臂上；右菩萨头部残，有项饰，左手执桃形环饰，披巾搭于臂上，飘于身后。

第二面

第三面

第三面，整体残损严重。梯形框内开华盖式龛，龛楣上方左、右两边又开龛且各雕化佛，现已磨损。龛内雕一佛二菩萨（佛右侧菩萨已残）二弟子。主尊高肉髻，两耳垂肩，面相方圆，其余部分残。二菩萨中左菩萨已残，右菩萨头戴宝冠，面部磨损不清，颈间有项圈，披巾交于腹部。二弟子侍立佛两侧，身形纤小。

第四面

第四面，梯形框内开华盖式龛，龛楣上方左、右两边又开两小佛龛，内各雕一化佛，结禅定印。龛内雕一交脚菩萨及二菩萨二弟子。因造像塔中破两半，缝隙破在主尊像身中，主尊像残，仅据残存部分可见主尊头戴宝冠，交脚坐于方形须弥座上，施无畏、与愿印。面部磨损不清，两边宝缯垂肩，有项饰，璎珞交于腹部打结处，披巾搭于臂上，垂于佛座前，一足及佛座右边残。二菩萨侍立两侧。左菩萨腹部微挺，跣足站立于圆形平台上，头部损，戴宝冠，有项饰，璎珞垂于胸前，与披巾交于腹部打结，右手执物不清，披巾自臂上下垂；右菩萨残，仅余头部上半右侧身，依稀可见头戴花冠，颈间有宽边项圈，项圈正中有花形坠，右臂上举，有腕饰，手中执一花蕾。二弟子腹部微挺侍立两侧，头部损，左弟子着袈裟，双手交叠置于腹部；右弟子亦着袈裟，双手交叠于腹部，广袖贴于腰部，膝盖以下残。右下框角残。

## （十八）
# 四面佛石造像塔

西魏。青灰石质。现存一层。宽18.7、高29.9厘米。1993年天水市博物馆收藏。

第一面

第一面，人字形龛内刻一佛二菩萨。主尊结跏趺坐于须弥座上，台座两腿中间刻一束腰宝瓶；佛手印不清，面相方圆，肉髻低平，身着交领大衣，衣摆垂于座前呈半圆形，衣褶两层整齐排列。佛左右两侧圆形束腰台座上，各站立一跣足菩萨。二菩萨皆头戴宝冠，面相方圆，宝缯垂肩，一臂上举齐肩，一臂下垂，着璎珞，披巾下垂于膝部，下身着裙。

第二面，帷幔龛内刻一佛二菩萨。主尊半结跏趺坐于方形座上，低平肉髻，面相丰圆，着交领大衣，手印不清，衣摆垂于座前呈半圆形，衣纹密褶。二菩萨跣足侍立两侧，披巾交于腹部打结。左菩萨有项饰。

第二面

第三面

第三面，人字形龛内刻一佛二菩萨。主尊半结跏趺坐于须弥座上，面相方圆，低平肉髻，施印不清，左腿搭到右股上，为降魔坐；着交领大衣，衣摆垂于座前呈半圆形，衣褶两层整齐排列。佛左、右两侧各站立一菩萨，菩萨头戴宝冠，面相方圆，一臂上举齐肩，一臂下垂，着璎珞，披巾下垂于膝部，下身着裙。

第四面

第四面，帷幔龛内刻一佛二菩萨。主尊半结跏趺坐于半圆形座上，低平肉髻，面相丰圆，施印不清，左脚搭到右股上；着通肩大衣，衣摆垂于座前呈半圆形，衣纹密褶。二菩萨跣足侍立两侧站于拱形台上，披巾下垂至裙摆处。

## （十九）
# 四面佛石造像塔

西魏。砂页岩石质，四面表面均有不同程度的风化。现存一层。高 41.9 厘米，上底宽 33.6、下底宽 38.5 厘米。1987 年张家川回族自治县大阳乡太原府村出土，张家川回族自治县博物馆藏。

第一面

第一面，分为上、下两部分。上半部分圆拱形龛内刻三尊菩萨。主尊为思惟菩萨，半结跏趺坐于方形平台上，右脚搭在左脚上，右手握右脚踝，左手扶腮，头倾斜作思惟状，裙摆垂于座下，衣纹密褶繁缛。主尊身后龛壁上左、右刻两结跏趺坐化佛，有舟形背光。左右二菩萨拱手侍立，皆上披巾，下着裙。下半部分刻出行图。画面中前后有大小两匹骏马，马健步前行。左前骑马人头戴筒形帽，身穿马裤胡服，右手上举，左手勒马，马前有迎接人，身穿交领大袖襦服装，下着长裙，左手执物上举至马嘴，右手执瓶。后一骑马人梳髻，上着长衣，下着裙，右手扬鞭，左手勒马。两马中间有一人执伞盖。左上角方框内有"第一□"字样。

第二面，画面分为上、下两部分。上半部分"凸"字形龛内刻一佛二菩萨。主尊结跏趺坐于高佛座上，禅定印，着交领大衣，衣摆外搣呈燕尾状。二菩萨站立于两旁方形平台上，两侧龛柱下部各刻一化佛。下部刻一牛拉车图，牛头右侧刻一赶车人。

第二面

第三面

第三面，尖拱形龛，龛楣上刻两飞天，左飞
天磨损。龛内刻一佛二菩萨二弟子。主尊结跏趺
坐，禅定印，衣摆下垂至座下呈燕尾状外撇。二

弟子站立于佛身后，身形纤长。二菩萨侍立于佛
两侧方形平台上。佛座右下残缺。

第四面

第四面，画面分为上、下两部分。上半部分"凸"字形龛内刻一佛二菩萨。主尊结跏趺坐于高佛座上，施无畏、与愿印，着交领大衣，衣摆外撇呈燕尾状。二菩萨站立于两侧方形平台上。两侧龛柱上各刻两尊纵排化佛，均有舟形背光。下部左半部刻一大象，象背骑三人，右半部上下方向刻两动物。

# （二十）
# 西魏大统二年石造像塔

西魏大统二年（536年）。砂岩石质。通高170厘米。秦安县出土，甘肃省博物馆藏。

该塔为三层楼阁式出檐方塔，由基座、塔身三件、塔檐三件和塔刹一件，共八件组成。塔分三层，每层由塔檐分隔，檐面四角起脊，坡面刻瓦垄。塔身四面开龛造像。基座四面浮雕供养人及造像发愿文，纪年为大统二年。

第一层，高35.5厘米，上底宽27.5、下底宽29.5厘米。

第一面，开圆形拱龛，龛内雕一佛二菩萨二弟子。主佛半结跏趺坐于方形束腰台座上，面部圆润饱满；左手残，右手施无畏印，衣摆悬垂座前呈半圆形。二菩萨侍立两侧，皆有宽边项圈、腕饰、披肩，璎珞呈"X"形交叉于腹部。左菩萨头至肩残缺，左手上举持物，右手下垂执桃形环饰；右菩萨头戴花冠，面相方圆，大耳长目，双手执物与左菩萨相反。二弟子身形瘦长，身披袈裟侍立于佛身后，左弟子头部残。上、下边框左角残。

第一层第一面

第一层第二面

第二面，开尖拱形龛，龛内雕三菩萨二弟子。主尊菩萨直立正中，面部残损，颈饰宽边项饰，璎珞自腹部交叉而过，披巾自两臂外侧垂下，下着长裙。二胁侍菩萨头戴花冠，脖颈有宽边项圈，璎珞呈"X"状在腹部交叉，披巾自肩部下垂，左菩萨右手和右菩萨左手分别下垂提桃形环饰，立于低平圆台上；右菩萨面部残损。二弟子侍立在主尊侧后，皆着袈裟，造像矮小。

第三面，开尖拱形龛，龛内一佛二菩萨二弟子，右边框及右下角残缺。佛半结跏趺坐于方形高台座上，头部残损，着双领下垂式大衣，衣褶悬垂座前。左菩萨腹部微挺，跣足站立，头戴花冠，颈饰宽边项圈，披巾自肩部下垂；右菩萨残。二弟子残损严重，仅可见身披袈裟。

第一层第三面

第一层第四面

第二层第二面

第二层第一面

　　第四面，开阙形龛，龛内雕刻弥勒菩萨和二弟子，龛外两侧各雕一侍立菩萨。主尊弥勒菩萨面相圆润，颈戴宽边项饰，交脚坐于台座上，有披肩，璎珞于腹前交叉穿环而过，裙摆层叠，披巾垂地。两侧侍立弟子身着袈裟，面部皆残。龛外两侧菩萨皆头戴花冠，眉目细长，有项饰、披巾，下着裙，左、右手均执物。菩萨下方各雕有一侧头向外狮子，左狮残。

　　第二层，高34厘米，上底宽25、下底宽28.5厘米。

　　第一面，开尖拱形龛，下沿稍残。龛内释迦、多宝对坐。左佛左手搭于胸前，右佛右手上举，皆坐于高台上。

第二层第三面

第二层第四面

第二面，开尖拱形龛，龛楣两上角饰花纹，龛内一佛二菩萨二弟子。佛结跏趺坐于方形束腰座上，肉髻低平，面相圆润，施无畏、与愿印，衣襞悬垂座前。二菩萨颈饰宽边项圈，璎珞交叉于腹部并穿环而过，内侧手上举持枝状物，外侧手下垂执桃形环饰。右菩萨头部损。二弟子身披袈裟，身体微向前倾，面部残损。

第三面，开尖拱形龛，龛楣两上角分别雕饰花纹。龛内雕刻一佛二菩萨。佛倚坐于方形高台座上，肉髻扁平，面部方圆，施无畏、与愿印。二胁侍菩萨头戴宝冠，有项饰、披巾。左菩萨左手上举持物，右手下垂执物桃形环饰；右菩萨左手似执净瓶，右手掌心向上托物。

第四面，开尖拱形龛，龛内刻三菩萨。主尊菩萨头戴宝冠，面部残损，但仍显圆润，交脚而坐，跣足踩莲台，颈有宽边项饰，璎珞结于腹部。两侧胁侍菩萨立于莲台上，头戴宝冠，大耳，璎珞于腹前交叉穿环，颈佩项饰，内侧手皆上举持莲蕾，外侧手皆提桃形环饰。

第三层第一面

第三层第二面

第三层，高30厘米，上底宽21、下底宽23厘米。

第一面，龛内一树枝叶繁茂，枝干弯曲，树冠较大。下雕一菩萨，头戴宝冠，宝缯垂肩，有项饰、披巾，左腿搭右腿，右手抚左脚踝处，左臂屈肘撑于腿上，左手托腮，作思惟状。对面雕刻一人物，束发戴冠，目下视，直身而跪，作揖状。

第二面，开尖拱形龛，龛内一佛二菩萨。佛结跏趺坐于方形座上，磨光高圆肉髻，面相方圆，施无畏印、与愿印，佛衣下摆层叠悬垂于座前。二菩萨写实，稍有残损，面部丰圆。

第三层第三面

第三层第四面

　　第三面，开尖拱形龛，龛内刻二菩萨。二菩萨相向而立，头戴宝冠，宝缯垂肩。左菩萨左手上举持物，右手下垂提桃形环饰；右菩萨左手执莲蕾。二菩萨中间有一熏炉。

　　第四面，开圆拱形龛，龛内一佛二菩萨。佛半结跏趺坐于方形座上，磨光高肉髻，脸型长圆饱满，施无畏印、与愿印，衣襞繁复，悬垂座前。二胁侍菩萨头戴宝冠，缯带垂肩，有项饰、披巾，手中执物。

塔刹（一）

塔刹（二）

塔刹，高24、中宽19厘米。方形束腰，上下各两层。上部中间为一半圆钵形，内有一凹槽，钵四角各镶包一莲花纹角。下部为二级方形体。

覆莲基座第一面

　　基座，长45、宽45、高26厘米。上面四边刻覆莲。第一侧面左半部阴刻三身供养人，右部有铭文，左下部残。第二侧面左半部为三身大供养人，交叉排三纵列有铭文竖边框，右半部为五身小供养人。第三侧面有六身供养人，交叉排六纵列有铭文竖边框。第四侧面为发愿文，中间下部表面有脱落。

覆莲基座上面

基座第二面

基座第三面

基座第四面

　　覆莲塔基铭文。第一面左面："清……／清信……／清信女……"。右面："邑子权□僵／邑子权保多／邑子权显恭／邑子王金□／邑子权／杨□／邑子权□□／邑子权□□"。第二面："弟子……供养／弟子权……供养／弟子权……供养"。第三面："亡弟……／亡□权……／亡母吕小……／亡父吕□供养佛时／……"。第四面为发愿文，部分文字磨损不清，现根据拓片录文如下："大统二年岁次□□正／月癸卯朔廿八日□□／清信仕权丑仁兄弟／宿著弥浓恒□□□／远知三宝可以□□供□私／发微愿情惠心□□□以／尽竭才力造立三劫石／一区愿合家口大小□□／延长子孙□□□□／□习内外通达□□□／□用之无□□亡后死／不处八难生□遇□□□／兴隆人民宁□□□／六趣咸蒙斯庆□□／一切"。

# （二十一）
# 四面佛石造像塔

第一面

北周。花岗岩石质。现存一层。底宽 13、高 12.5 厘米。天水市博物馆藏。

造像塔为四面开龛雕像，均为梯形框内开尖拱形佛龛，四面佛龛内所雕内容基本一致，皆雕一佛二菩萨二弟子，佛、菩萨、弟子布局及衣饰相似。

主尊肉髻较低平，面相方圆，着双领下垂式大衣，内着僧祇支，施无畏、与愿印，半结跏趺坐于方台座上，衣摆垂于佛座前，衣纹密褶。二菩萨跣足立于佛两侧，头戴花冠，胸前佩璎珞，身有披巾。二弟子立于二菩萨身后。第一面左边框上部大半残损。

第二面

第三面

第四面

## （二十二）
# 四面佛石造像塔

第一面

北周。花岗岩石质。四角有残损，现存一层。高 34、底宽 31 厘米。佛、菩萨面部均损。秦安县王尹乡张底村出土，秦安县博物馆藏。

第一面，圆拱形龛内刻一佛二菩萨二弟子。主尊结跏趺坐于须弥座上，手部残，手印不清，肉髻低圆，面部残损，衣摆下垂于座前，衣褶繁缛。二菩萨侍立主尊两侧，面貌不清，腹部微挺。二弟子分别立于菩萨身后。

第二面

第三面

　　其余三面与第一面雕刻内容一致，布局基本相同，菩萨有损残，漫漶不清。

第四面

## （二十三）
# 四面佛石造像塔

第一面

北周。花岗岩石质。残损严重，现存一层。高48厘米，底宽39、顶宽31.5厘米。秦安县郑川乡邢泉村出土，秦安县博物馆藏。

第一面，佛龛上有今人墨书"151"字样，整体风化漫漶严重。依稀可辨开尖拱形龛，龛楣两边雕有饰物。龛内刻一佛二菩萨二弟子，主尊结跏趺坐于须弥座上，裙摆呈弧形垂于座前。二菩萨二弟子磨损，仅存大致身形。

第二面

第三面

第二面，雕刻弥勒菩萨及二菩萨，主尊交脚坐于榻座上，左、右两边框上雕二菩萨，已残损。

第三面，开尖拱形龛，龛楣两边各刻两化佛。龛内刻二佛说法，覆莲佛座，左边框残缺。

第四面，开尖拱形佛龛，龛楣原有刻物，现已磨损不明。龛内刻一佛二菩萨二弟子，主尊结跏趺坐于方形座上，肉髻低平，面相方圆。菩萨、弟子均残损，左边框磨损，右边框残缺。

第四面

## （二十四）
# 四面佛石造像塔

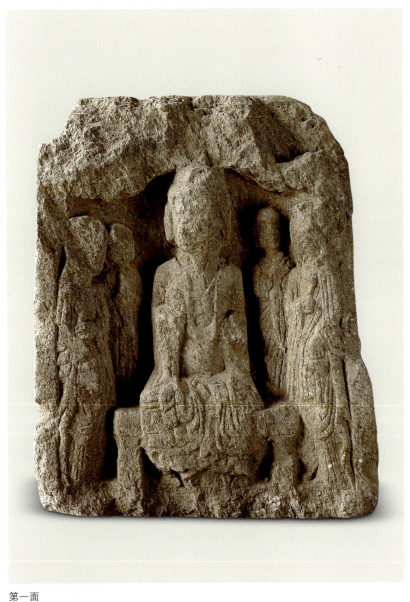

第一面

北周。花岗岩石质。现存一层。高33、底宽28、顶宽24.5厘米。顶部四边损毁，佛、菩萨面部均残损。1973年征集于秦安县安伏乡，秦安县博物馆藏。

本相似。二弟子侍立于佛身后两侧，双手合十。左弟子面部残，右边弟子昂首侧身，正视前方，面相略圆。上、下边框残。

第二面，龛内刻一佛二菩萨二弟子。主尊跣足站立，面部损，着双领下垂式大衣，内着僧祇支，右手上举（从残痕判断应为无畏印），左手施与愿印。二菩萨腹部微挺，下着长裙，上身已残。二弟子站立于莲台上，身着袈裟，两手置胸前。左弟子侧身面损，右弟子正面直视。龛顶部及四边框均有残缺。

第一面，龛内刻一佛二菩萨二弟子。主尊结跏趺坐于方形榻座上，面相方圆，肉髻低平，左、右手均残；着双领下垂式大衣，内着僧祇支，衣摆垂于佛座前，衣褶繁缛。二菩萨衣纹线条流畅，腹部微挺。左菩萨左手置于胸前，右手下垂，右菩萨造型与左菩萨基

第二面

第三面

第三面，龛内残损严重，依稀可辨两佛对坐，各坐于方形佛座上，衣摆垂于佛座前，作说法状，应为二佛说法图。有白色遗留物，今人墨书"1614-209"。

第四面，画面分上、下两部分。上部左侧一夫人（摩耶夫人）由侍女扶持而立，上衣下裙，交领大袖襦，头顶为半月形"波罗叉树（忘忧树）"枝叶。夫人左手上举攀枝，广袖内有一儿童侧露上身，当为释迦牟尼腋下诞生的典故。右侧上方刻九龙形，下方刻有一裸体儿童站立，此当为释迦牟尼出生后"九龙灌顶"情形。该面将"树下诞生""九龙灌顶"两个佛传故事连贯起来合刻于龛内。下部为长方形框内中间刻两相对蹲狮，狮头反倾。狮后各刻一力士，为欢庆舞蹈状。左下方墨书"151"。

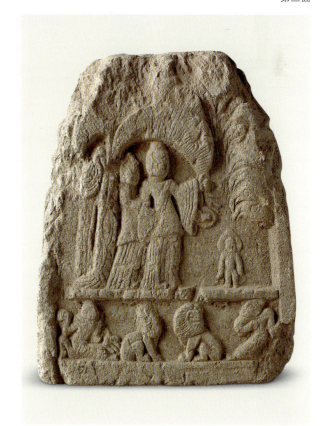

第四面

## （二十五）
# 四面佛石造像塔

第一面

北周。花岗岩石质。现存一层。高 28 厘米，底宽 24、顶宽 21 厘米。秦安县文庙院内出土，秦安县博物馆藏。

　　第一面，梯形框内开尖拱形佛龛，刻一佛二菩萨。主尊结跏趺坐于方形座上，头部残，低平肉髻，施无畏、与愿印，着双领下垂式大衣，内着僧祇支，衣摆下垂下部呈半倒尖拱形状，衣褶繁缛。二菩萨均有项饰、披巾，腹部微挺。左菩萨左手上举，右手执物，右菩萨反之。

第二面

第三面

第二面，梯形框内刻树下思惟图。以部分树干和树冠形成圆拱形龛，内刻一思惟像坐于方形座上，半侧身垂右腿，左腿搭于右股上，右手抚左脚，左手支撑前倾头部，身着通领大衣，颈有项饰，胸前打结，两目下视、面容沉静，作思考状。龛外左下角以扇面形组成层山状。右边框下部残。

第三面，梯形框内开圆拱形佛龛，刻二佛说法图。左边人物侧身，面相丰圆，肉髻低平，作聆听状；右边人物右手上举，作说法状，斜披络腋，结跏趺坐，衣摆垂于须弥座前。

第四面，残。

# （二十六）
# 石造像塔

北周。砂岩石质。现存一层。高43、底宽32厘米。边角有残损，佛、菩萨面部均损。秦安县郭集乡邵庄村出土，秦安县博物馆藏。

第一面

第一面，梯形框内开"凸"字形龛，龛上方两侧均雕圆拱形龛，内各刻一化佛，四周帷幔状。龛内刻一佛二菩萨。主尊结跏趺坐，面部、手均残，但可看出左手放膝、右手上举的痕迹；佛内着僧祇支，衣纹呈"U"字形。佛座下刻夜叉蹲坐，两手上举至头顶作承佛座状。二菩萨侍立两侧，左菩萨头部残。

第二面

第三面

第四面

第二面，风化严重，画面模糊不明，两边框高度尺寸不等。尖拱形龛内刻一佛二菩萨，佛座两侧各刻一蹲狮面向方形佛座。

第三面，刻一佛二菩萨。主尊结跏趺坐，右手上举，左手抚膝（均残），衣摆下垂至佛座前。二菩萨跣足站立于台座上，面部残。龛楣刻物不明。

第四面，表面残损严重。上部刻一佛二菩萨，左菩萨残，右菩萨存大致身形。下部刻一骏马骑士图。骑士面部丰圆，身形较小，骑于马背上；骏马矫健雄伟，昂扬抬头，向右作行进状。其余残缺不清。

（二十七）
# 四面佛石造像塔

北周。花岗岩石质。现存一层。高32厘米，底宽24、顶宽21厘米。第四面残损，一、二、三面佛、菩萨面部均损。秦安县兴丰乡出土，秦安县博物馆藏。

第一面

第一面，圆拱形龛内刻一佛二菩萨二弟子。主尊倚坐于方形佛座上，足踩莲台。佛面相方圆，肉髻低平，着双领下垂式大衣，左手置于腿部（残），右手上举。二菩萨头戴宝冠，双目下视，腹部微挺，衣着模糊不清，立于莲台上，莲梗下有茎。二弟子身形较小，站于佛座两侧，面部残。

第二面

第三面

第二面，圆拱形龛仅存右半部分，残留佛左臂、手及佛座。右侧一菩萨侧身而立，右手持长茎莲蕾。框底下部残边阴线刻两供养人。

第三面，圆拱形龛右边残缺，原似刻一佛二菩萨，现仅存一佛一菩萨。佛结跏趺坐，面部损，禅定印，衣摆呈波浪状下垂于佛座前。左菩萨侍立，头部残。下部方框内刻一右向五体投地拜伏的弟子。

# （二十八）
# 四面佛石造像塔

原登记为北魏，调查重新确认为北周。花岗岩石质。现存一层。高 24.5、宽 20 厘米。四边框有损，整个造像塔四面开深龛，半圆雕造像。1984 年征集于秦安县兴国寺，秦安县博物馆藏。

第一面

第一面，梯形框内开圆拱形佛龛。龛内佛结跏趺坐，禅定印，面相方圆，低圆肉髻，着双领下垂式大衣，广袖及衣摆下垂于佛座呈"八"字形撇开，衣纹简洁概括。左边框上部残。

第二面

第三面

第二面，梯形框内开尖拱形佛龛。龛内佛结跏趺坐于方形平台上，结禅定印。面相方圆，低圆肉髻，双目下视，披通肩袈裟，内着僧祇支，衣摆垂于佛座前。

第三面，梯形框内开圆拱形佛龛。刻交脚菩萨一尊，坐于方形台座上，面相方圆，发髻扁圆，竖线刻成；两手抱于胸前，有项饰，披巾自肩部下垂，呈"X"状交叉于腿部圆环中；下身系长裙，裙摆垂于佛座下，衣纹舒朗，双足外露。

第四面，开圆拱形佛龛，佛结跏趺坐于须弥座上，禅定印，面相方圆，肉髻低平，面部损，着双领下垂大衣，胸部"U"字形衣纹，衣摆垂于佛座下，衣褶繁复。

第四面

# （二十九）
# 四面菩萨石造像塔

北周。花岗岩石质。现存一层。高 28.5、宽 18 厘米。整个造像塔四面开浅龛并雕像，其中第四面残缺。1972 年征集于秦安县王铺乡，秦安县博物馆藏。

第一面

第一面，长方形龛内刻一菩萨装人物骑于象背上，面部丰圆，右腿盘，左腿下垂，左手抚右脚，右手前伸举一物。大象圆硕，站立状，象鼻前翘并生出两莲枝至大象头顶，莲蒂上雕两尊小化佛。菩萨头顶上方刻有华盖。此应为"乘象投胎"图。右边框上部残损。

第二面

第三面

第二面，长方形龛内左半部雕一棵树，树冠为月牙形，树下刻一菩萨，倚坐于台座上呈思惟状，面部及左膝残损，有项饰，披巾下垂，璎珞交于腹部圆环处。右下方刻一人物呈跪拜状，面部丰圆，面向左前方，有胡须。

第三面，长方形龛内刻两人物对坐，菩萨装。左菩萨有博带套环，左手上举，作辩论状；右菩萨坐于须弥座上，右手持一物上举。两菩萨头顶各有华盖，刻纹简单概括。右边框有今人墨书"1616.211"。

第三面侧面

## （三十）
# 四面佛石造像塔

第一面

原登记为北魏，调查重新确认为北周。砂岩石质。现存一层。高 24、宽 22.5 厘米。整个造像塔四面开浅龛雕像，四角略残。1987 年征集于秦安县郭嘉乡寺嘴村，秦安县博物馆藏。

第一面，梯形框内开"凸"字形佛龛，龛楣上分为三部分，两侧梯形框内刻一对飞天，中间倒梯形框内刻花纹（画面残）。龛内刻一佛二菩萨。主尊身后有舟形背光，背光上部两侧刻两向下龙首；佛结跏趺坐于须弥座上，施无畏、与愿印，面相方圆，肉髻略尖，着双领下垂式大衣，内着僧祇支，项前下部有三角形刻纹，广袖及衣摆垂于

佛座下。二菩萨双手合十，着长裙，披巾飘动，衣纹流畅。左菩萨侧身后倾，面部残损；右侧菩萨挺腹，面带微笑。

第二面，开长方形龛，龛楣顶上减地刻两飞天，左飞天手举莲花，右飞天手执莲叶；龛楣下方刻桃形缨子两组，左、右各三，向外侧飘动状。长方形龛内刻一佛二菩萨，面部均残。主尊结跏趺坐于方形平台上，施无畏、与愿印，着双领下垂式大衣，桃形头光与背光连为一体。二菩萨侍立主尊两边，均有头光，身有披巾，飘飞状，系长裙。右菩萨头部残，下框底残。

第二面

第三面

第三面，开方形龛，龛楣上方减地刻龙，部分残损。龛内刻一菩萨二力士，主尊面相方圆，着双领下垂式大衣，跣足站立于覆莲台上，宝冠似为莲瓣状，施无畏、与愿印。二力士面朝右，均有桃形头光，上身裸，下着裙。左上部残。

第四面，开屋殿形龛，龛楣上刻飞天，左右上角残。龛内明间刻两人物（残），从造型和动态上看似为两菩萨像；次间刻两站立弟子。柱头上有斗栱，披风板间有人字形栱。

第四面

（三十一）

# 四面佛石造像塔

原登记为六朝，调查重新确认为北周。花岗岩石质。现存一层。高 26.5、宽 19 厘米。1975年征集于秦安县兴丰乡，秦安县博物馆藏。

整个造像塔四面开龛造像，内容、风格、衣纹密褶等基本相同。

第一面

　　第一面，梯形框内开圆拱形龛，龛内刻一佛二菩萨。主尊善跏趺坐，施无畏、与愿印，着双领下垂式大衣，内着僧祇支。二菩萨腹部微挺侍立两侧，有项饰、披巾，手中似有执物。佛、菩萨面部已损，四边有冲口。

第二面

第三面

第四面

第二面，梯形框内开圆拱形佛龛，龛内刻一佛二菩萨。主尊半结跏趺坐于方形台座上，面部残，着双领下垂式大衣，内着僧祇支，施无畏、与愿印。二菩萨侍立两侧，左菩萨残损，右菩萨存大致身形。

第三面，梯形框内开圆拱形佛龛，造像内容与第二面基本相同。佛、菩萨面部残损，左、右边框损。

第四面，梯形框内开圆拱形佛龛，佛面相方圆，两眼平视，颈刻弧线纹，施无畏、与愿印。菩萨造型与前基本一致。佛座部分残损，下边框残损。

# （三十二）
# 三级四面佛石造像塔

第一面

北周。花岗岩石质。1991年甘谷县西坪乡红凡沟村出土，甘谷县博物馆藏。

石造像塔由三级塔体和底座组成。底座为覆莲式，一角有裂缝；第一层与第二层之间现存有塔檐，现塔檐部分已残。自下而上依次描述：

第二面　　　　　　　　　　　　　第三面　　　　　　　　　　　　　第四面

第一层第一面

第一层第二面

第一层，高32.3厘米，上底宽23.2、下底宽27厘米。

第一面，梯形框内开圆拱形佛龛，龛楣右上方保留原有雕刻痕迹，其余部分为后来修补。龛内雕一佛二菩萨二弟子，除左菩萨外，其余四像头部皆为后补，且修补粗糙。主尊坐于方形台座上，似施无畏、与愿印（双手残，现存系后补），着双领下垂式大衣，内着僧祇支，衣摆垂于佛座前。二菩萨侍立两侧，左菩萨依稀可见披巾搭于右手腕部，右手执桃形环饰，长裙曳地；右菩萨残损，现系后补。二弟子身披袈裟，双手置于腹部。

第二面，梯形框内开圆拱形佛龛，龛内雕一佛二菩萨二弟子。主尊结跏趺坐于方形台座上，肉髻扁平，面相方圆，面带微笑，着双领下垂式大衣，内着僧祇支，衣饰刻纹清晰，衣着厚重，衣摆垂于佛座前呈半圆形，衣褶繁复，手部残。二菩萨身材纤长，头戴扁平仰莲冠，两耳垂肩，颈间饰有宽边项圈，双手抱于胸前作供奉状，腹部微挺，着广袖长裙。二弟子侍立身后，身披袈裟，双手交握于胸前，左弟子头部损。右边框中部至下框底有一长直裂缝，现已修补。

第一层第三面

第一层第四面

　　第三面，梯形框内开圆拱形佛龛，龛楣顶端雕有简单似龙形纹饰。龛内雕一佛二菩萨二弟子，主尊肉髻低圆，半跏趺坐于方形台座上，施无畏、与愿印，面相方圆，面部及身上衣饰磨损，漫漶不清，衣摆下垂于佛座中部。二菩萨侍立两侧，头部磨损不清，颈有项饰，披巾搭于手臂上，腹部微挺，长裙曳地；所不同的是，左菩萨左手置于胸前，右手前伸，右菩萨则相反。二弟子身披袈裟，头部损，双手交握置于胸前。

　　第四面，梯形框内开帷幔龛，龛内雕二佛说法。左佛倚佛龛而坐，头部损，搭左臂斜披袈裟，袒右肩，左臂置于胸前，作聆听状；右佛头部残，倚佛龛与左佛相对而坐，斜披袈裟，左臂前曲，左手置于腿上，右臂前伸，右手伸展作讲话状。佛座下部长方形框内雕二狮子相向而立，中雕一花瓶。

第二层第一面

第二层第二面

第二层，高 31.4 厘米，上底宽 20.7、下底宽 23 厘米。

第一面，梯形框内开圆拱形佛龛。龛楣上雕菩提树树冠，龛内雕两株交缠为绳纹状的菩提树。树下为一思惟菩萨，背靠菩提树干坐在束腰佛座上，大耳，面部模糊不清，左手抚腮，右手置于左脚踝处，左腿弯曲搭于右腿上，右足踩仰莲台。依右边框雕一弟子，面向菩萨侍立，面部模糊不清，大耳，身形纤长，披袈裟，双手交握于胸前，衣纹舒朗。

第二面，梯形框内开尖拱形佛龛，龛楣顶部刻有纹饰。龛内雕一佛二菩萨，主尊结跏趺坐于方形台座上，禅定印，肉髻低平，面相方圆，面带微笑，着双领下垂式大衣，内着僧祇支，衣摆垂于佛座前中部呈半圆形。二菩萨侧身侍立两则，头戴莲花宝冠，颈饰项圈，披巾自肩下垂绕于上臂，在腹部打结，腰系长裙，裙摆曳地。左菩萨左手置于胸前，右手执环饰；右菩萨右手置于腹部，手中执枝状物。左边框残损。

第二层第三面

第二层第四面

第三面，梯形框内开尖拱形佛龛，上半部雕一佛二弟子。主尊半跏趺坐于方形平台上，施无畏、与愿印，肉髻扁平，面相方圆，面部磨损不清，衣摆垂于平台佛座前呈燕尾状。左弟子作胡跪状，着交领大衣，双手合十，面部不清；右弟子作"五体投地"状，身体弯曲，虔诚礼佛。下半部雕二力士及一象，力士头部磨损不清，束高髻，裸上身，下着裙，系宽腰带，两臂发力，作马步示威状，动作对称，两相呼应。二力士中间雕一大象，象头朝左，象鼻触及左力士膝部，雕刻简练。

第四面，梯形框内开尖拱形佛龛，龛楣顶上雕纹饰（与第二面同）。龛内雕一佛二菩萨二弟子，主尊善跏趺坐于方形台座上，跣足，施无畏、与愿印，肉髻低圆，面相方圆，面部模糊不清，着双领下垂式大衣，内着僧祇支。二菩萨头戴宝冠，面部磨损不清，颈部佩宽边项圈，披巾过肩，搭于臂上，交于腹部打结，长裙曳地，腹部微挺。左菩萨左臂置于胸前，持枝形物，右臂下垂；右菩萨反之。二弟子侍立身后平台，头部模糊不清，身着袈裟，双手交握于胸前。

第三层第一面

第三层第二面

　　第三层，高 29.6 厘米，上底宽 17.4、下底宽 20.3 厘米。

　　第一面，梯形框内开尖拱形佛龛，龛内雕一佛二弟子。主尊半躺于左侧床榻上，头部残，身着大衣，一手捧物，一手置于胸前。二弟子上身挺直跪侍，一弟子跪侍于佛对面，一弟子跪侍于佛左手侧。二弟子头部、身体俱磨损，漫漶不清。除右边框外，其余边框均有残损（因半躺人物头部已残，不可辨，故以佛像描述）。

　　第二面，梯形框内开方形佛龛，龛内雕一佛二菩萨。主尊半跏趺坐于台座之上，施无畏、与愿印，肉髻低平，面相方圆，面带微笑，着双领下垂式大衣，衣摆垂于佛座前呈半圆形。二菩萨侍立两侧，头戴宝冠，着交领广袖长襦裙，双手交握于胸前呈拱立状。

第三层第三面

第三层第四面

　　第三面，梯形框内开尖拱形佛龛，龛内雕一佛二菩萨。主尊坐于方形平台上，肉髻低平，面相方圆，着双领下垂式大衣，双手掩于袖中，衣摆垂于佛座前呈燕尾状。二菩萨直身侍立两侧，头戴宝冠，身着交领广袖长襦裙，双手合十，腹部微挺。四边框均有残损。

　　第四面，梯形框内开尖拱形佛龛，龛内雕一佛二弟子。主尊结跏趺坐于方形台座上，肉髻低平，面相方圆，面部磨损不清，禅定印，着双领下垂式大衣，衣摆垂于佛座前呈半圆形。二弟子侍立两侧，头部模糊不清，身披袈裟，双手交握于腹部。佛座下方左、右两侧雕两头雄狮，回头相视，作半立半蹲状。佛龛表面沾有污迹，四框角有损。

## （三十三）
# 四面佛石造像塔

第一面

原登记为隋，调查重新确认为北周。花岗岩石质。现存一层。通高37厘米。天水市麦积区博物馆藏。

大腿部宝相花处。左菩萨面部损，左手置于胸前，右臂弯曲微前；右菩萨面部磨损不清，衣饰雕刻同左菩萨。二弟子侍立于佛两侧，面部不清，身披袈裟，内着僧祇支，广袖贴于腰部，双手并握于腹部，右弟子较左弟子清瘦。佛、菩萨、弟子身上均有白色及赭色污迹。

第二面，下底宽31.6、上底宽28.2厘米。梯形框内开圆拱形龛，龛楣上雕两身伎乐飞天，右伎乐吹奏长笛，动态飘逸自然；左伎乐两手外伸用力，执打击乐器。龛楣两端各雕一尊化佛，身披袈裟。龛楣上有零星黄、绿污迹，龛内雕一佛二菩萨二弟子。主尊半跏趺坐于方形台座上，施无畏、与愿印，肉髻低平，面相方圆，面部模糊不清，着双领下垂式大衣，内着僧祇支，广袖垂于佛座下

第一面，下底宽30.7、上底宽28.4厘米。梯形框内开尖拱形龛，龛楣上方雕两相向飞天，左飞天处有白色污迹。龛内雕一佛二菩萨二弟子。主尊结跏趺坐于须弥台座上，施无畏、与愿印，肉髻较高，面相方圆，着双领下垂式大衣，衣摆垂地，衣褶繁缛，面部模糊。二菩萨腹部微挺，立于仰莲台上，头部均损，宝缯垂肩，披巾交于

第二面

呈"八"字形撇开，衣摆垂于佛座前，衣纹流畅，衣褶繁缛。二菩萨跣足站于仰莲台上，面部模糊不清，有项饰，披巾交于腿部宝相花处。左菩萨头戴宝冠，衣着模糊不清；右菩萨头部损，左手执如意，右臂上举，手持莲蕾，有腕饰。龛外两柱上雕有两供养人，因磨损现已漫漶不清。二弟子侍立两侧，身披袈裟，内着僧祇支。左弟子头戴螺旋攒尖式高僧帽，双手合十；右弟子面部损，广袖贴于腰部。二弟子及右菩萨身上有零星墨迹，右边框有少量赭色污迹。

第三面

第三面，下底宽30.7、上底宽29.1厘米。梯形框内开圆拱形龛，龛楣上所雕图像现已漫漶不清。龛内雕一佛二菩萨二弟子，主尊结跏趺坐于须弥座上，头部及上身残损，似施无畏、与愿印，衣摆垂于佛座前，衣褶繁缛。二菩萨立于仰莲台上，头戴宝冠，面部模糊。左菩萨着通肩大衣，双手捧物；右菩萨有项饰、披巾，双手交叠于胸前，腹部微挺。二弟子侍立佛两侧，头部均损，面部模糊不清，左弟子披袈裟，双手置于腹部；右弟子衣饰不清，依稀可见广袖贴于腰部。左边框雕两供养人上、下站立，上部供养人着交领大袖襦衣，下部供养人身体前倾，双手合十。右边框残。

第四面，下底宽 30.8、上底宽 28.2 厘米。梯形框内开圆拱形龛，龛楣有雕刻痕，现漫漶不清。

龛内雕三菩萨二弟子，主尊交脚菩萨坐于榻座上，榻上垂幔，交脚着于仰莲之上。二菩萨侍立两侧，站于仰莲台上，依稀见右菩萨长裙曳地，余皆磨损不清。二弟子侍立于交脚菩萨身后两侧，已残。

第四面

## （三十四）
# 四面佛石造像塔

第一面

原登记为隋，调查重新确认为北周。花岗岩石质。现存一层。高35.9厘米。天水市麦积区博物馆藏。

子，前方雕三个供养人。一供养人面朝菩萨，跪拜于方台上，着交领大袖襦服，双手交握作供奉状；后两供养人站立，穿长衣，两手置于胸前。

第二面，下底宽28.1、上底宽24.7厘米。梯形框内开华盖式龛，龛楣上方雕两飞天，左飞天动态向外，回首；右飞天面朝里，双手合十，作礼拜状。龛顶雕华盖，龛内雕一佛二菩萨二弟子，主尊结跏趺坐于须弥座上，施无畏、与愿印，高圆肉髻，面相方圆，面部磨

第一面，下底宽28.6、上底宽26.9厘米。梯形框内开圆拱形龛，内雕一思惟菩萨像，菩萨舒相坐于束腰座上，上身前倾，垂首作思惟状，坐姿自然；右脚尖踞起踩于圆形仰莲台上，左脚搭于右股上，左手残，右手抚左脚踝；颈部饰有宽边项圈，披巾垂地，衣纹流畅。左边雕一菩提树，树冠镂空布于龛顶，树颈残。菩萨身后侍立二弟

损，着双领下垂式大衣，内着僧祇支，广袖垂于佛座呈燕尾状，衣摆垂于佛座前，衣褶繁缛。二菩萨侍立两侧，头戴宝冠，宝缯垂肩，面部磨损，颈佩项饰，腹部微挺，腰系长裙。左菩萨梳高髻，着交领大袖襦服跣足站立于仰莲台上，披巾下垂，左手上举，右手执桃形环饰；右菩萨着长裙站立于仰莲台上，左手执桃形环饰，右手上举。二弟子着袈裟侍立于佛身后两侧，左弟子双手合十，右肩部及胸前磨损；右弟子广袖贴于腰部，面部及手部磨损。

第二面

第三面

第三面，下底宽 28.4、上底宽 26.3 厘米。梯形框内开圆拱形龛，龛楣上方左右各雕两人物，袒半身，着袈裟，相视而语状，面部均损。龛内雕一佛二菩萨，主尊跣足站立，高圆肉髻，面相方圆，面部损，着双领下垂式大衣，内着僧祇支，施无畏、与愿印。二菩萨侍立两侧，左菩萨高发髻，面部损，外披长衣内着裙，跣足立于圆台上；右菩萨头部至肩部残，饰项圈和璎珞，肩挂披巾、系长裙，左手执桃形环饰，右手似上举执物。左边框上雕一供养人，头戴攒尖高帽，衣着华丽。右框原雕有供养人，现已残。

第四面

第四面，下底宽 27.3、上底宽 25.1 厘米。梯形框内开华盖式龛，龛楣上方中间刻华盖帷幔，两侧各开一小龛，龛内各雕一坐佛。左佛结跏趺坐，禅定印，肉髻低平，面相丰圆；右佛善跏趺坐，两手抚膝，三角形肉髻，面相丰圆。龛内雕一佛二菩萨二弟子，主尊善跏趺坐于方形座上，头顶雕有华盖，高圆肉髻，面相方圆，面部损，左手触地印，右手说法印，着双领下垂式大衣，内着僧祇支。二菩萨立于圆形平台上，腹部微挺。左菩萨颈戴宽边项圈，着交领大袖襦衣，内着长裙，面部及手部残；右菩萨头戴宝冠，宝缯下垂，披巾下垂，交于大腿部宝相花处，左手下垂执桃形环饰，右手上举执物。主尊头部至足部，右侧侍立弟子、菩萨面部及左侧侍立菩萨腹部有赭红色污迹。二弟子侍立于身后两侧，身披袈裟，面部损，两手抚于腰部。右框下角残。

## （三十五）
# 四面佛石造像塔

第一面

2012年10月30日调查时发现，并确定为北周。花岗岩石质。通高38.1厘米。天水市麦积区石佛镇赵沟村灵应寺藏。

左菩萨头戴宝冠，宝缯垂肩，大耳，面部磨损不清，披巾结于胸前，右臂微向前伸，衣袂飞起状；右菩萨头部损，依稀可见头戴宝冠，颈有项饰，双手藏于广袖之中，于胸前作供奉状，广袖下垂至膝部。二弟子侍立于身后两侧，身披袈裟，双手合十。

第二面，梯形框内开华盖式龛，龛楣两角又开两小龛，

第一面，下底宽29.8、上底宽26.9厘米。梯形框内开华盖式龛，龛楣上左、右两角各雕两化佛，中以华盖帷幔隔开。龛内雕一佛二菩萨二弟子。主尊头顶华盖，半跏趺坐于方形须弥座上，施无畏、与愿印，高圆肉髻，面相方圆，大耳，着双领下垂式大衣，内着僧祇支，衣褶繁复，衣摆垂于佛座前。二菩萨跣足站立于圆形平台上，

内各雕一化佛，中以华盖帷幔隔开。龛内雕一佛二菩萨。因造像塔从中破为两半，缝隙破在佛像身中，根据留存部分判断，主尊应为善跏趺坐于方形台座上，施无畏、与愿印。二菩萨侍立两侧，有头光，腹部微挺，造型灵动。左菩萨头戴宝冠，大耳，面部磨损不清，左手执桃形环饰，右手前伸，披巾搭于臂上，左手似执扇，右手执桃形环饰，衣袂飘飞；右菩萨头部残，颈有项饰，手中执物与左菩萨相反，披巾搭于臂上，飘飞于身后。

第二面

第三面

第三面，残损严重。梯形框内开圆拱形龛，龛楣两角有雕刻痕迹，现已磨损，无法辨认，只中间华盖帷幔部分尚有大致轮廓。龛内雕一佛二菩萨（左菩萨已残）二弟子。主尊头顶有华盖，高圆肉髻，大耳，面相方圆，其余部分残。二菩萨中左菩萨已残，右菩萨头戴宝冠，面部磨损不清，颈间有宽边项饰，左手磨损，右臂上举，有腕饰，手纤长，执物不明。二弟子侍立两侧，身形纤小。

　　第四面，梯形框内开圆拱形龛，龛楣两角又开两小佛龛，内各雕一化佛，禅定印，中以华盖帷幔隔开。龛内雕一交脚菩萨和二菩萨二弟子，因造像塔中破两半，主尊像残，仅据残存部分可见主尊交脚坐于方形须弥座上。二菩萨侍立两侧，左菩萨腹部微挺，跣足站立于圆形平台上，头部

损，项饰宽边项圈，披肩自肩垂下，璎珞结于胸前，与披巾交于腹部宝相花处，右手执桃形环饰；右菩萨残，仅余头部上半右侧身，依稀可见头戴花冠，颈间饰有宽边项圈，右臂上举，手腕有腕饰，手中执花苞。二弟子腹部微挺侍立主尊身后两侧，头部损。左弟子斜披袈裟，双手交握于腹部；右弟子着袈裟，双手交叠于腹部，广袖贴于腰部，膝盖以下残。

## （三十六）
# 四面佛石造像塔

第一层第一面

第一层高 34.7 厘米，下底宽 24、上底宽 22.1 厘米。

第一面，梯形框内开圆拱形龛，龛内雕一佛二菩萨。主尊半结跏趺坐于方形高台座上，头部残，着双领下垂式大衣，衣摆垂于佛

2012 年 10 月 30 日调查时发现，确定为北周。花岗岩石质。现存两层。天水市麦积区石佛镇赵沟村灵应寺藏。

整体雕刻较粗糙，特别是菩萨面相、衣纹刻画不细致。佛、菩萨外形普遍有残损，漫漶不清。

座前呈半圆形，手部残。二菩萨侍立两侧，残损严重，只依稀可见身形轮廓。

第二面，梯形框内开圆拱形龛，龛内雕一佛二菩萨。主尊半结跏趺坐于方形台座上，施无畏、与愿印，头部残，衣摆垂于佛座前呈半圆形。二菩萨侍立两侧，只依稀见身形。右下框角残。

第三面，梯形框内开圆拱

第一层第二面

第一层第三面

形龛，龛内雕一佛二菩萨。主尊半结跏趺坐于方
形台座上，施无畏、与愿印，面部残，大耳，着
双领下垂式大衣，衣摆垂于佛座前呈半圆形。二
菩萨侍立两侧，左菩萨头部模糊不清，腿下部残，
双手置于胸前，身上衣饰已不辨；右菩萨残，依
稀见双手置于胸前。左下框角及右边框残。

　　第四面，梯形框内开尖拱形龛，龛内似雕一
佛二菩萨。主尊半结跏趺坐于方形台座上，似施
无畏、与愿印，头部残，着双领下垂式大衣，衣
摆垂于佛座前呈半圆形。二菩萨残损严重，依稀
可见身体轮廓及下部裙褶。

第一层第四面

第二层第一面

第二层高31.5厘米，下底宽22.7、上底宽22.1厘米。

第一面，梯形框内开圆拱形龛，龛内似雕一佛二菩萨，只雕出基本造型，未细加刻画。主尊结跏趺坐于方形台座上，双手合十状，衣摆垂于佛座前呈半圆形，头部残。二菩萨站立于圆形平台上，双手前拱置于胸前。

第二面，梯形框内开尖拱形龛，龛内雕一佛

第二层第二面

第二层第三面

二菩萨。主尊半结跏趺坐于方形台座上，施无畏、与愿印，肉髻大而扁平，着双领下垂式大衣。二菩萨两边站立，只残存大致身形。

第三面，梯形框内开尖拱形龛，向外又顺尖拱形刻两道线。龛内雕一佛二菩萨。主尊坐于方形台座上，肉髻扁平，禅定印，头部残，着双领下垂式大衣，衣摆垂于佛座前呈半圆形。二菩萨侍立两侧，左菩萨只约见轮廓，无清晰衣纹手势；右菩萨有项饰，左手执环，右手置于腹部。

第四面，梯形框内开尖拱形龛，龛内雕一佛二菩萨。主尊半跏趺坐于方形台座上，施无畏、与愿印，头部残，着双领下垂式大衣，衣摆垂于佛座前呈半圆形。二菩萨侍立两侧，头戴宝冠，面部、衣饰、手形均模糊不清。

第二层第四面

## （三十七）
# 四面佛石造像塔

第一面

北周。花岗岩石质。现存一层。残高 40 厘米，宽 28 厘米，厚 25 厘米。其中第二、三面残。麦积山石窟艺术研究所藏。

腹部微挺，长裙曳地，其余部分磨损不清。右侧龛柱处所雕菩萨已残。佛身后左右两侧各雕二弟子侍立，四弟子面相方圆，皆披袈裟，双手捧于胸前。

第二面，梯形框内开尖拱形龛，已残，龛楣上雕四化佛，龛内似雕二佛说法，两佛中间雕三弟子站立，皆披袈裟，拱手侍立，右边大半残。

第三面，左边多半残，仅存右边框。龛楣上现存两身飞天伎乐，上边伎乐手执长笛作吹笛状，下边伎乐为手执琵琶弹奏状，两飞天动态自然飘逸，

第一面，梯形框内开方形佛龛，龛楣上雕飞天一对，动态自然。龛内雕一佛二菩萨（右侧菩萨残）四弟子。主尊结跏趺坐于"几"形座上，施无畏、与愿印，肉髻低平，面部磨损不清，着双领下垂式大衣，内着僧祇支，衣摆垂于佛座前呈半圆形，衣褶繁缛。左侧龛柱胁侍菩萨头部残，宝缯垂肩，饰有项饰，左手置于胸前执一枝莲，

第二面

第三面

吹弹动作富有节奏感。右边侧龛柱雕一胁侍菩萨，头戴花冠，手持莲枝。龛内左半部残，右半部雕二弟子站立。

　　第四面，梯形框内开尖拱形佛龛，龛楣上雕忍冬纹饰。龛内雕一佛二菩萨四弟子。主尊半跏趺坐于方形须弥座上，施无畏、与愿印，肉髻高圆，面相丰圆，头部左边损，着双领下垂式大衣，内着僧祇支，衣摆垂于佛座前呈半圆形。左侧龛柱雕胁侍菩萨，头部损，有项饰，披巾交于胸前，腹部前挺，左手置于胸前执一莲枝，长裙曳地；右侧龛柱雕胁侍菩萨，多半已残，手持莲枝，腹部微挺。佛身后左右两侧各雕二弟子侍立，皆披袈裟，拱手侍立。须弥座前雕两相对蹲狮，为狮子座。

第四面

## （三十八）
# 四面佛石造像塔

北周。砂岩石质。现存三层，通高 109 厘米。每层四面皆开龛造像。秦安县出土，现藏于甘肃省博物馆。

第一层第一面

第一层，高 40.5 厘米，上底宽 28、下底宽 31 厘米。

第一面，梯形框内开圆拱形华盖龛，龛内雕一佛二菩萨二弟子，佛与菩萨皆面相丰圆。佛半跏趺坐于方形须弥座上，肉髻低平，施无畏、与愿印，衣褶繁缛，衣摆垂于佛座前呈半圆形。左侧菩萨右

第一层第二面

第一层第三面

手提净瓶，为观世音菩萨；右侧胁侍当为大势至菩萨，左手提环饰。二弟子站立在佛后侧。

第二面，梯形框内开尖拱形龛，尖拱上有桃形火焰纹，龛楣两上角各雕有两身化佛，面向内。龛内造一佛二菩萨二弟子，佛肉髻扁平，面部丰满，半跏趺坐，两狮子承兀形座于左右，两手残，似为施无畏、与愿印，衣襞悬垂座前。二菩萨站立于佛两侧狮身上，头戴宝冠，左菩萨双手置于胸前，广袖下垂。两弟子立于佛后两侧，座前刻二弟子，左为五体投地状，右为胡跪状，双手合十。

第三面，由上下两部分组成，上部分为佛龛，下部分为一组建筑。梯形框正中开尖拱形佛龛，龛内有一佛四弟子。佛结跏趺坐于长方形台座上，面部丰圆，施无畏、与愿印，两侧各站立两个弟子。龛外一周用减地和阴刻结合的手法刻萨埵太

第一层第四面

子"舍身饲虎"本生故事。故事从右至左围绕龛外展开：龛右下方刻三人物站立，其上刻山林树木，龛右上方刻两松树，中右刻两人物倾身向左前方行进，左边一人物侧身而躺；左边中间刻一人倒立而下，下方一人物侧身平躺，一虎踩人，虎口对人头，再下两人抬抱一骷髅前行。龛下方刻三组建筑，中间一组为重檐庑殿顶，似为城门，门口有两人物站立，左右两边应为阙，门前各刻两人物双手合十站立。

第四面，长方形框内开尖拱形龛。龛内主尊为弥勒菩萨交脚坐于狮子台座上，足尖踩覆莲台，座两边各雕刻一狮子。菩萨项饰宽边项圈，璎珞在腹

部交叉穿环，披巾自两臂垂下。弥勒两侧各侍立二菩萨二弟子，两侧胁侍菩萨皆头戴花冠、项饰，左菩萨左手上举持物，右手下垂执环饰，披巾自肩部下垂，璎珞交叉于腹部；右菩萨着窄袖长裙，腰间阴线刻出带饰，右手上举执物，左手下垂。

第二层，高35厘米，上宽23.7、下宽27厘米。

第一面，梯形框内开华盖龛，华盖两侧各有一龙口衔流苏。龛内为一佛二菩萨二弟子。佛像面相方圆，肉髻扁平，双手残损，半跏趺坐狮子座，着双领下垂式大衣，衣襞垂至佛座前呈半圆形，座两侧各有一蹲狮和力士。菩萨侍立于佛两侧，

第二层第一面

第二层第二面

第二层第三面

第二层第四面

披巾、着裙，外侧手似提物。弟子在菩萨身后，只露出头部和半身。力士束发，袒露上身，下着裙，作半蹲用力状。

第二面，梯形框内开华盖龛，华盖上两侧皆开龛各造一化佛。龛内一佛二菩萨二弟子。佛倚坐于大象座上，衣纹、手印不清晰。两菩萨站立于佛两侧象鼻头上，皆头戴花冠，披巾、着裙。两弟子立于佛身后两侧，皆披袈裟。该组造像佛、菩萨、弟子面相清秀，皆下颌尖圆。

第三面，梯形框内开帷幔龛，龛楣两上角雕饰罗汉头像。龛内雕主尊和二菩萨二弟子。主尊

善跏趺坐，面部饱满，菩萨装束，项饰宽边项圈，项圈正中缀花形吊坠，璎珞于腹部交叉穿环，右手施无畏、与愿印，倚坐狮子座，跣足踏仰莲台。仰莲台两侧各雕刻一蹲卧状头向外侧狮子，二胁侍菩萨立于狮子口中伸出的曲茎莲台上，外侧手皆下垂似持物。二菩萨后各侍立一弟子。

第四面，梯形框内开尖拱形龛，龛内雕一佛二菩萨二弟子，残损明显。主尊结跏趺坐于束腰须弥台座上，面部丰圆，施无畏、与愿印，着双领下垂式大衣，下摆衣褶层叠，悬垂座前。二胁侍菩萨立于长茎莲台上，二弟子站立于佛身后两侧。

第三层第一面

第三层第二面

第三层,高33.5厘米,上宽22、下宽23.5厘米。

第一面,右上角残失,梯形框内开尖拱形龛,龛内雕一佛二菩萨二弟子。佛半跏趺坐方形须弥座上,肉髻光圆,面部丰圆,右手施无畏印,着双领下垂袈裟,衣襞宽大,悬垂座前。二胁侍菩萨立于佛前两侧,双手捧供物于胸前,披巾上绕两臂再下搭。佛后各侍立一弟子。

第二面,梯形框内开帷幔龛,龛内雕释迦、多宝并坐像,两佛皆坐于须弥座上。座前正中有一熏炉,熏炉左侧雕一伏地供养人,右侧雕一胡跪供养人,供养人旁均刻字。

第三层第三面

第三层第四面

第三面，梯形框内开尖拱形龛，龛内雕一佛二菩萨二弟子。佛半跏趺坐于方形束腰台座上，面部方圆，施无畏、与愿印，着双领下垂袈裟，衣襞宽大，悬垂于座前。二菩萨立于长茎莲台上，面部皆残。二弟子侍立佛后两侧。

第四面，梯形框内开帷幔龛。龛楣上方自左至右分四格，右边两格雕弟子头像。龛内为佛涅槃像，佛向左斜卧，头下有枕，佛后雕六弟子举哀。涅槃像下方分三格，左右两格各有一力士，正中一格似为两弟子像和一神兽。

# 石造像

石造像是以雕刻佛像为主的石刻艺术。人们在造像的同时还镌刻文字，常铭刻造像缘起、纪年以及造像者姓名、出生地、官职、发愿文等题记，有时也刻有供养人像等。

在这次佛教石刻造像的调查中，发现的佛造像多为单身造像，也有少量的两佛或一佛二菩萨组合造像。单身造像以佛、菩萨为主要雕刻题材。在十六国至北周之前，佛以结跏趺坐居多。多以舟形、莲瓣形背屏常见，表现内容单一。佛作磨光高肉髻，面相长圆，鼻高而直，耳大唇薄，双肩浑圆，手印极其简略，一般为两手相合于腹前，作禅定印造型。造像多以几何块面塑造的方法，将人物形象和修禅姿势简要地表现出来，雕刻技法简练，表现得比较简洁。但面部刻画较细致，特别是将眼睛刻画凸显出来，表情传神，惟妙惟肖，有的甚至将瞳仁用细线精雕，鼻子和嘴角同样有较为细致入微的准确刻画。衣褶随着身体的流线而雕刻，衣纹一概略去，显得穿着厚重。底座多为长方体，不加雕饰。北朝后期的石造像雕刻精细，人物造型较为准确，注重衣饰雕刻，线条流畅，内容丰富，有的在底座或背面镌刻铭文。底座部位多雕以狮子、供养人和吉祥纹样。天水地区发现的背屏式石造像以十六国时期的居多，且多数收藏于麦积山石窟艺术研究所。隋代单体菩萨造像数量多、造型精美，尤其以秦安县发现的几尊单体石雕菩萨像为其中佳作。

本书共收录石造像 54 件。

# （一）
# 舟形背屏式佛石造像

正面

原登记为北魏，调查重新确认为十六国时期。花岗岩石质。通高 48.5、佛高 21.5、底座宽 26 厘米。天水市博物馆旧藏。

舟形背屏前雕刻一佛。佛结跏趺坐于梯形方台座上，施禅定印；高肉髻，两耳垂肩，额广而方，面相显长，深目高鼻，嘴角微翘，下颌丰圆；半披肩大衣，内着僧祇支，衣着厚重感，两腿以扁平块面塑造。雕像整体刀法简练概括。

## （二）
## "天合元年"佛石造像

北魏。花岗岩石质。高 19.7、底宽 7.9 厘米。天水市博物馆旧藏。

佛身后有舟形背屏，上刻不规则火焰纹，左边残。佛结跏趺坐，施禅定印；面相丰圆清秀，肉髻圆润，高鼻大眼，着通肩大衣，衣襟交于胸前，内衣至项，衣摆垂于佛座前呈燕尾状，广袖外展，束腰佛座。背面铭文为"天合元年"。"天合"不见史载；又"天和"为北周武帝宇文邕的年号，天和元年即公元 566 年。此处"天合"是否为北周"天和"，待考。

背面拓片

正面

## （三）
# "大德二年" 佛石造像

正面

北魏。花岗岩石质。通高22.5、像高11.5、底宽6.5厘米。天水市博物馆旧藏。

舟形背屏前雕刻一佛，背屏以朱砂、黑色彩绘。佛结跏趺坐于方形座上，施禅定印；肉髻浑圆，面相丰圆，深目高鼻，头大身小，宽度约与两肩相齐，比例夸张；圆肩长颈，着通肩式大衣。背面底部刻"大德二年"。"大德"纪年历史上有两个，一是西夏崇宗，即李乾顺时期1135～1139年；一是元成宗，即铁穆耳时期1297～1307年。但这尊造像的风格和雕凿技法等在西夏、元两代均不见，其造像古拙简练，似有早期造像特点。该"大德二年"刻文有待考证。

背面拓片

## （四）
# 舟形背屏式佛石造像

原登记为北魏，调查重新确认为十六国时期。花岗岩石质。高 20.8、宽 12 厘米。天水市博物馆旧藏。

舟形背屏前刻一坐佛，刻画头光。佛结跏趺坐于方形平台上，施禅定印；小圆肉髻，面相清秀，双耳硕大；圆颈平肩，着圆领通肩大衣，衣饰厚重。造像以朱砂彩绘，大部已剥落。雕刻风格简洁古朴。面部残，背光和台座上有多处缺损。

正面

## （五）
# 舟形背屏式佛石造像

正面

原登记为北魏，调查重新确认为十六国时期。花岗岩石质。像高 14.9、宽 27 厘米。天水市博物馆旧藏。

舟形背屏前雕一坐佛，结跏趺坐于方形台座上，施禅定印。佛高肉髻，面相丰圆，大耳垂肩，两眼大而凸显，鼻直口小；圆颈平肩，身躯浑厚，着圆领通肩大衣，衣饰厚重感，腿部以块状表现。造型概括简练，雕刻线条简练。

# （六）
# 火焰纹舟形背屏佛石造像

原登记为北魏，调查重新确认为十六国时期。花岗岩石质。高 25.8、宽 15.5 厘米。天水市博物馆旧藏。

火焰纹背屏前雕一佛，结跏趺坐于方形台座上，施禅定印。佛高肉髻，面相长圆，两耳垂肩，上耳轮高出发髻，深目高鼻，两眼凸显，圆颈平肩，两臂浑圆，覆肩袒右，衣饰厚重。

正面

## （七）
# 背屏形佛石造像

正面

原登记为北魏，调查重新确认为十六国时期。花岗岩石质。高27、宽15厘米。天水市博物馆旧藏。

造像雕于不规则石料上。佛结跏趺坐于高台座上，施禅定印；高肉髻，面相长圆，粗颈圆肩，双耳厚大垂肩，窄额曲眉，双眼微闭，宽鼻，嘴角上翘；着通肩圆领大衣，双腿以扁平块面表现。雕刻简练概括。

# （八）
# 圆拱形背屏佛石造像

原登记为北魏，调查重新确认为十六国时期。砂岩石质。高34、底宽31厘米。秦安县博物馆藏。

圆拱形背屏前刻一佛，背屏上部两边简刻两人物。佛半结跏趺坐，左脚搭于右腿上，施禅定印；面相长圆，磨光高肉髻，身躯浑厚，造型简略概括；无衣纹。右侧人物右手上举，左侧人物面向佛侧立。

正面

## （九）
# 舟形背屏佛石造像

正面

原登记为北魏，调查重新确认为十六国时期。花岗岩石质。高 23、底宽 12.7 厘米。1993 年 4 月 27 日通渭县陇山乡刘家埂村刘智捐赠，秦安县博物馆藏。

舟形背屏前（尖部残）刻一佛。结跏趺坐，施禅定印，面相长圆，高肉髻，大耳。造型简略概括。颈、左肩、右臂有砍痕。

# （十）
# 舟形背屏佛石造像

原登记为北魏，调查重新确认为十六国时期。花岗岩石质。高 24 厘米。1978 年秦安县陇城乡新城村出土，秦安县博物馆藏。

舟形背屏前刻一佛，结跏趺坐于"T"字形座上，施禅定印。佛面相圆润，圆形高肉髻，两耳硕大，交领大襟向右。造型简略概括。座上有斜裂纹。

正面

## （十一）
# 桃形背屏佛石造像

十六国时期。砂岩石质。高17厘米。天水市麦积区石佛乡桃家村晚阳寺藏。

桃形背屏前刻一佛，结跏趺坐，施禅定印，面相秀长，两耳硕大，长颈圆肩。佛及背屏表面饰有朱砂。雕刻简练。

正面

## （十二）
# 舟形背屏佛石造像

原登记为北魏，调查重新确认为十六国时期。花岗岩石质。高 29、宽 15、厚 5 厘米。发现于麦积山石窟"散花楼"顶桩眼内，麦积山石窟艺术研究所藏。

舟形背屏前雕一佛。佛结跏趺坐于方形台座上，斜披袈裟，袒右肩，施禅定印；高圆肉髻，面相方圆，两耳垂肩；圆颈耸肩，两臂粗壮，腿部扁平。造像通体呈土红色，造型古朴。背屏上部残缺，佛像面部、手部及足部有残损。

正面

## （十三）
# 圆拱形背屏佛石造像

正面

原登记为北魏，调查重新确认为十六国时期。花岗岩石质。高31、宽17、厚5厘米。发现于麦积山石窟"散花楼"顶桩眼内，麦积山石窟艺术研究所藏。

圆拱形背屏前雕一佛二菩萨。主尊半结跏趺坐于佛座上，施禅定印，高圆肉髻，面相圆长，两耳垂肩，粗颈圆肩，两臂浑圆，腹部凸起。二菩萨侍立主尊两侧，宝缯束髻，面相长圆，下身着短裙。左菩萨肩部浑厚，圆形头光，两臂丰圆，左臂屈置于胸前，右臂自然下垂；右菩萨身微侧，有圆形头光，左臂自然下垂，右臂屈置于胸前。佛座及佛腿部均为赭石彩绘。背屏顶部缺损。

石造像背面有今人墨书："13号/1982.10.8日/移千佛洞，/11日上午移存库房/发现七佛圆顶/桩眼内/时代，魏早期/62号"。

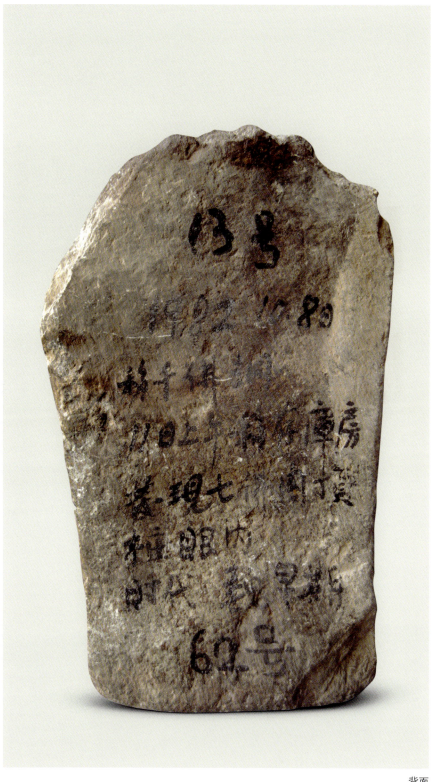

## （十四）
# 舟形背屏佛石造像

原登记为北魏，调查重新确认为十六国时期。花岗岩石质。高39、宽16、厚4厘米。发现于麦积山石窟第54窟，麦积山石窟艺术研究所藏。

舟形背屏前雕一佛坐于方形台座上。佛结跏趺坐，施禅定印；肉髻高圆硕大，面相长圆，面带微笑，鼻梁缺损，大耳垂肩，粗颈耸肩，两臂浑圆，袒右袈裟；腿部以扁平块状表现。

正面

# （十五）
# 背屏形佛石造像

原登记为北魏，调查重新确认为十六国时期。花岗岩石质。高 29、宽 15、厚 5 厘米。发现于麦积山瑞应寺戏楼，麦积山石窟艺术研究所藏。

背屏前雕一坐佛，施禅定印，坐佛双肩平而略斜，腹部鼓起，斜披络腋。雕刻简练，造型古拙。背屏及佛头部残损，佛座右下残缺。

造像背后有今人墨书："石刻坐佛／戏楼□□□东南角／97年□5.12出土／深 1.5 米处土层内／时代：北魏／□□：2"。

正面

## （十六）
# 舟形佛石造像

正面

原登记为北魏，调查重新确认为十六国时期。花岗岩石质。高33、宽15、厚5厘米。发现于麦积山石窟第55窟，麦积山石窟艺术研究所藏。

舟形背屏前雕一圆拱形佛龛，龛内雕一坐佛。坐佛施禅定印，肉髻高圆硕大，面相长圆，长眉大眼，双耳垂肩，双肩平直，半披肩袈裟，内着僧祇支，腿部扁平。造型古朴。背屏左边及佛座左下角残，佛面部及右腿残损。

造像背后有今人墨书："7号/10/55洞/1981年移/10之4"。

# （十七）
# 舟形背屏佛石造像

原登记为北朝，调查重新确认为十六国时期。花岗岩石质。高 21、宽 14、厚 4 厘米。发现于麦积山石窟第 23 窟，麦积山石窟艺术研究所藏。

舟形背屏前雕一佛结跏趺坐于方形台座上。佛施禅定印，肉髻高圆，面相清秀，面部损，圆颈平肩，腹部凸起。造像整体风化严重，背屏顶部残缺。

正面

# （十八）
# 背屏式佛石造像

正面

十六国时期。砂岩石质。残高 17 厘米，残宽 16.9、座宽 14.8 厘米，底厚 5.8 厘米。天水市麦积区五龙乡龙林观藏。

背屏前雕一坐佛，结跏趺坐，施禅定印，溜肩，两臂浑圆，腿部扁平。雕刻简洁粗犷。背屏及佛上部残缺。

# （十九）
# 舟形佛石造像

原登记为北朝，调查重新确认为十六国时期。砂岩石质。残高 17 厘米。天水市麦积区博物馆藏。

舟形背光前雕一坐佛，半结跏趺坐，禅定印，高肉髻，面部模糊，两臂浑圆，腹部凸出。雕刻简洁粗犷。背屏左上部残。

正面

（二十）
# 围屏式佛石造像

原登记为北朝，调查重新确认为十六国时期。砂岩石质。高17厘米。天水市麦积区博物馆藏。

佛结跏趺坐于方形台座上，高圆肉髻，大耳，平肩，着交领佛衣，施禅定印。雕刻简练。造像背屏部分残缺，现呈三角形，面部磨损严重。

# （二十一）
# 背屏式佛石造像

原登记为北朝，调查重新确认为十六国时期。砂岩石质。通高 22 厘米。天水市麦积区博物馆藏。

背屏前雕一坐佛，佛腹部以下与台座连为一体。佛磨光高肉髻，面相丰圆，两耳垂肩，粗颈，着通肩大衣，衣饰有厚重感。背屏右上角残。佛像手、足部及座前部残。

正面

## （二十二）
# 拱形背屏式佛石造像

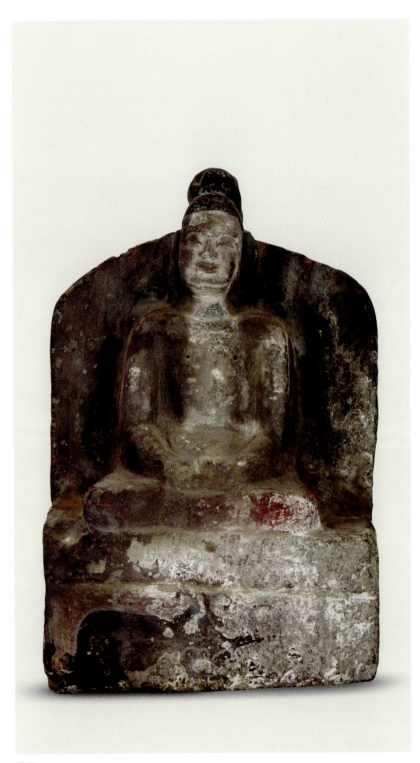

正面

十六国时期。花岗岩石质。通高32厘米；佛高22.5、背屏高28.5厘米；底座宽20.5、高9厘米。1982年甘谷县大像山文管所于大像山文昌阁发现，甘谷县博物馆藏。

背屏前雕一坐佛，背屏顶部为圆拱形，佛头部超出背屏，有刻画项光。佛结跏趺坐，禅定印，高圆肉髻，面相方圆，双耳垂肩，圆肩，胸部有两个圆孔，腹部凸显。未刻出明显衣纹。平台式佛座，以忍冬纹绘画形式表现出壶门。通体粉色打底，肉髻着黑色，衣着为朱砂彩绘。整体外表因烟渍漫漶不清。面部雕刻较细致，其他部位雕刻简略概括。

# （二十三）
# 舟形背屏佛石造像

十六国时期。花岗岩石质。通高 25.3 厘米；佛高 11.5 厘米，舟形背光宽 12.5 厘米；底座上宽 11、下底宽 9.5 厘米，高 5.5 厘米。甘谷县大像山文管所征集，甘谷县博物馆藏。

舟形背屏前雕一坐佛，结跏趺坐于长方形佛座上，禅定印，高肉髻，面相清秀，面带微笑，两耳硕大垂肩，短颈圆肩，着交领大衣，衣饰厚重自然。背屏和佛座均为素面。雕刻简练，刀法概括，以块面表现不同部位。造像古朴。

正面

## （二十四）
## 莲瓣形背屏佛石造像

正面

十六国时期。花岗岩石质。高 17、宽 10、厚 4 厘米。来源于麦积山石窟 143 窟，麦积山石窟艺术研究所藏。

莲瓣形背屏前雕一坐佛。佛坐于方形台座上，禅定印，肉髻硕大高圆，面相方圆，高鼻深目，鼻梁挺直，双耳垂肩，双臂丰圆，身躯浑圆，着通肩袈裟，腿部扁平。背屏右上方残缺，整体风蚀严重。

造像背后有今人墨书："143 残□ /1981 年 6 月 / 移库 /30 号"。

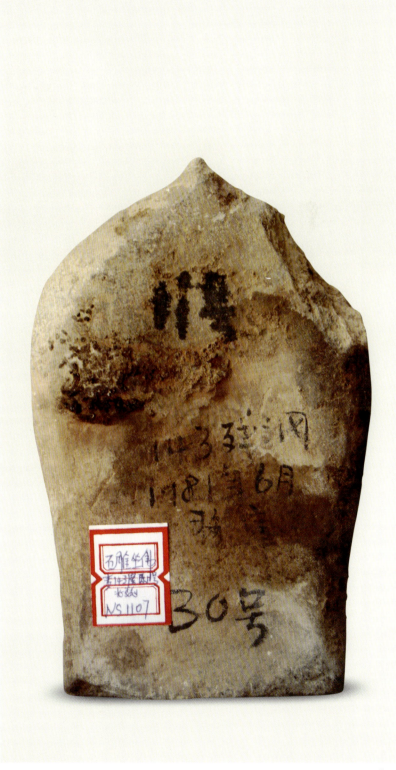

侧面

背面

（二十五）
# 舟形火焰纹背屏佛石造像

正面

北魏。砂岩石质。通高 30.6 厘米，背屏最大径 22 厘米；碑座高 7.5 厘米，下宽 14.5、上宽 16 厘米。1983 年征集于清水县白土崖水穿洞村，清水县博物馆藏。

石造像背屏通体刻火焰纹，背屏前高浮雕一佛二菩萨，下为长方形座。主尊结跏趺坐，秀骨清像，高肉髻，右手上举，左手抚膝，施说法印，着右袒袈裟。主尊头顶上雕刻一化佛，结跏趺坐，施禅定印，着袈裟。二菩萨侍立主尊两侧，跣足，站势略同，双手合十，头戴宝冠，皆披巾绕肩下垂，下着裙。

# （二十六）
# 佛石造像

北魏。花岗岩石质。高23、宽13、厚2厘米。发现于麦积山石窟178洞窟，麦积山石窟艺术研究所藏。

造像残损严重，所存部分也已磨损，漫漶不清。现存分上、下两部分，上部似雕一佛二菩萨，主尊结跏趺坐，高肉髻，面相方圆，着通肩袈裟，禅定状。左菩萨头戴花冠，双手置于胸前，似捧有物，披巾交于胸前，下着长裙；右菩萨残损无法辨认。下部似为拱形龛洞，已残损。

造像后有今人墨书："10号/29/178空洞/81年移存"。

正面

## （二十七）
# 菩萨石造像（残）

正面

北魏。花岗岩石质。胸部以下残缺。高27、宽17、厚8厘米。发现于瑞应寺大殿，麦积山石窟艺术研究所藏。

石雕菩萨，头戴花冠，宝缯垂肩，面相方圆，面部磨损，颈间饰有宽边项圈，正中缀花形长吊坠；胸前有双排璎珞。

石像背后有墨书文字："存（从）石门道人手中/收集来，道人得之上/河李迗（建）国，李迗国爷/於（于）民国初年由麦積（积）山/僧刘师送给/镇宅"。

（二十八）
# 背屏形佛石造像

正面

北魏。背屏残损。花岗岩石质。高 25、宽 13、厚 4 厘米。原存放于麦积山石窟第 55 窟，麦积山石窟艺术研究所藏。

造像雕一佛坐于方形高佛座之上，禅定印，高肉髻（现已损），面相方圆，面部磨损，漫漶不清；大耳，平肩，身躯浑圆，两臂粗壮；着通肩袈裟，广袖呈"八"字形垂于身前。

# （二十九）
# 束腰坐佛石造像

北魏。花岗岩石质。通高40.1厘米，底长23.3、宽8厘米。天水市麦积区博物馆藏。

造像雕一佛二菩萨，主尊结跏趺坐于束腰座上，施禅定印。高肉髻，面相丰圆，双耳垂肩，高鼻深目，面带微笑，宽肩；着通肩大衣，胸部"U"字形衣纹，手指纤长，刻纹清晰。佛两侧站立人物头部已残，根据衣饰判断似为菩萨造像。

正面

（三十）
# 石立佛造像

正面

北魏。花岗岩石质。残高155厘米，复原后高187厘米。相传明代初期出土于麦积区石佛乡葫芦沟，现存于天水市麦积区石佛镇石佛寺。

佛像跣足站立于圆形覆莲台（后配）上，平肩，着双领下垂式大衣，内着僧祇支，广袖下垂贴于腿部，衣摆长垂至踝部。雕刻流畅自然。2010年，麦积山石窟艺术研究所研究员段一鸣复原了佛像头部和手部。

（三十一）

# 莲瓣形背屏佛石造像

西魏。花岗岩石质。高32、宽21、厚4厘米。发现于麦积山石窟第135窟，麦积山石窟艺术研究所藏。

莲瓣形背屏前雕一佛结跏趺坐，高肉髻，面相长圆，耳硕大，竿肩，双手前置。整体磨蚀严重。

背屏右上方有今人墨书："5号／北朝／135洞"。

正面

## （三十二）
# 舟形背屏佛造像

西魏。花岗岩石质。残高39.5、座宽23.5厘米。1987年甘谷县大像山文管所征集于大像山镇何家沟村，甘谷县博物馆藏。

舟形背屏前雕一佛二菩萨。主尊高22厘米，坐于长方形台座上，有两重圆形头光，高肉髻，面相清秀，细目上翘，细颈袒胸，溜肩，着双领下垂式大衣，内着僧祇支，胸部"U"字形衣纹，右手残，腿部以下及佛座均残。二菩萨脚踩莲花台侍立两侧，左菩萨高18厘米，右菩萨高18.5厘米。二菩萨均有桃形头光，头戴宝冠，细目弯眉，细颈溜肩，秀骨清像，颈饰项圈，着交领大袖襦并外系长裙，有披巾，双手置于腹部，衣纹流畅，衣褶垂于地。佛座正前方左下角雕刻有供养人，其余部位现已残。底座两侧各雕一狮子蹲（立）于方形台上（为狮子座），方形台高低大小不一。右狮身形高大，站立，鬃毛较长，尾部长且上翘；左狮蹲，身形较小，且气势弱于右狮，尾部上翘。

侧面

（三十三）

# 莲瓣形背屏佛石造像

北周。花岗岩石质。高 22、宽 10、厚 4 厘米。原存放于麦积山石窟第 55 窟，麦积山石窟艺术研究所藏。

莲瓣形背屏前雕一佛坐于方形佛座之上，禅定印，低平肉髻，面相圆而饱满，溜肩。背屏及佛像残蚀严重。

造像背后有今人墨书："10/55 洞 /1981 年之 2 号"。

正面

背面

（三十四）

# 莲瓣形背屏佛石造像

北周。花岗岩石质。高 35、宽 19、厚 7 厘米。原存放于麦积山石窟第 55 窟，麦积山石窟艺术研究所藏。

莲瓣形背屏前雕一佛坐于方形台座上，结跏趺坐，施禅定印。面相秀圆，大耳，细颈溜肩，身躯圆浑，通肩大衣，身上无明显衣纹，衣摆密褶下垂搭于佛座前呈半圆形。背屏右上半部及佛头部、面部残。

背屏背部有今人墨书："55洞 /1981 年 /10 之 3/6 号"。

背面

（三十五）

# 仰莲座佛石造像

正面

北周。花岗岩石质。通高 73 厘米，仰莲台高 7、直径 19 厘米。1991 年出土于甘谷县西坪乡红凡沟村，甘谷县博物馆藏。

佛跣足站立于仰莲台上，有莲花形头光，施无畏、与愿印；肉髻低平，面相方圆，粗颈圆肩，颈上有三道弧线纹；腹部微挺，着双领下垂式大衣，内着僧祇支，广袖长裙，裙摆垂至脚面，衣纹简洁流畅。颈部、手部及衣摆右下角处有后补痕迹。莲花头光和方形底座系 1991 年补做。

# （三十六）
# 佛石造像（残）

北周。花岗岩石质。现仅残留头部。高21、宽13、厚4厘米。原存放于麦积山石窟43窟，麦积山石窟艺术研究所藏。

佛头扁圆形磨光肉髻，面相方圆饱满，长眉、细目。为典型的北周作品。后脑部残。

佛头后有今人墨书文字："43窟，石佛头像，1977年移下"。

正面

侧面

（三十七）

# 覆莲座佛石造像

正面

北周。花岗岩石质。头部已缺。高 27、宽 11、厚 7 厘米。出土于麦积山石窟西崖，麦积山石窟艺术研究所藏。

造像为一佛站立于覆莲佛座上，头部已残缺，现仅余颈部及以下部分。跣足施无畏、与愿印，溜肩，身躯浑圆，着通肩大衣，胸前"U"字形衣纹，广袖下垂，腰系长裙；跣足，左脚大于右脚。雕刻线条流畅，质感清晰。左臂及腕下衣袖残损。

（三十八）
# 石雕菩萨立像（残）

北周。花岗岩石质。现仅残留头部。高14、宽7、厚10厘米。出土于麦积山石窟西崖，麦积山石窟艺术研究所藏。

菩萨头戴花冠，面型丰润，大耳，长眉，细目上翘，嘴唇饱满，嘴角含笑。面部磨蚀严重。

正面

## （三十九）
# 佛石造像（残）

正面

北周。花岗岩石质。现仅残留石像左肩局部。残高22、宽16、厚5厘米。原藏于麦积山石窟176窟，麦积山石窟艺术研究所藏。

残像背后有今人墨书："41号/176洞/1980年/14号"。

# （四十）
# 莲瓣形背屏菩萨石造像

原登记名为石雕菩萨立像。北周。花岗岩石质。高24、宽10、厚4厘米。麦积山石窟艺术研究所藏。

莲瓣形背屏前雕一菩萨像。菩萨头戴花冠，宝缯自头两侧垂下，面相长圆，大耳垂肩，双手合十，披巾两端搭于臂上，部分飘逸于身后。背屏、菩萨像下半部腐蚀、污损严重。

正面

（四十一）

# 彩绘贴金石雕菩萨像

正面

北周建德二年（573 年）。花岗岩石质。通高 62.8 厘米，底座长 18.6、宽 16.1、高 5.7 厘米。天水市麦积区博物馆藏。

造像为圆雕观世音菩萨立像，跣足站立于仰覆莲花座上。以朱砂红铺底，通体贴金（现基本已脱落）。观世音菩萨头戴宝冠，大耳，面相丰圆，慈眉秀目，面容祥和；颈饰宽边项圈，正中缀花形长吊坠；披巾自肩部垂下，璎珞呈"X"状交叉于腹部；束腰裙带长垂至小腿处；左臂已残，右臂下垂，手部、颈部、腰部残。底座上左右各雕一蹲狮。

底座侧面有题记："建德二／年四月廿／日敬造／观世音／菩萨弟／子刘苌／寿为合／家大小法／界众生／普得佛道"。

底座

头部

刻文

底座刻文拓片

（四十二）
# 桃形头光石造菩萨立像

北周。花岗岩石质。高 52 厘米。1950 年征集于秦安县郑川乡，秦安县博物馆藏。

菩萨像由造像和底座两部分组成，造像和底座之间由圆形榫卯连接。上部分为菩萨立像，菩萨跣足站于仰莲台上，莲台前部残。造像头部后有桃形和莲瓣组成的头光。菩萨梳高髻戴宝冠，面相圆润，双目微微下视，略带微笑；宝缯垂于双肩，颈饰宽边项圈；上身有披肩，下着裙；披巾绕臂下垂，璎珞自胸前垂下呈"X"状交叉于腰部宝相花中；菩萨左手提下垂璎珞，右手上举持宝珠。下部分为覆莲狮子座，四边刻莲瓣；正面两侧雕两狮子，左狮昂首雄健，右狮伏卧正视。座底部风化。

正面

侧面

（四十三）
# 观世音菩萨石造像

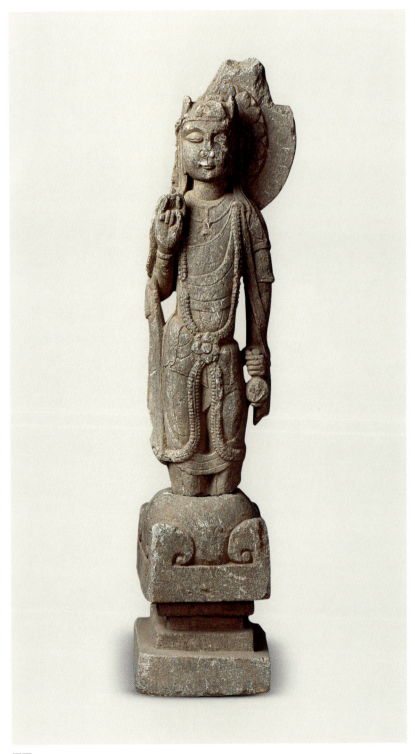

原登记为六朝，调查重新确认为隋。花岗岩石质。高52、座高20厘米。1950年征集于秦安县西川乡下王峡村，秦安县博物馆藏。

造像由上、下两部分组成。上部为菩萨站立，膝以下残；双重圆形头光，现仅存右半部分，内圈刻莲瓣纹；头戴矮花缦冠，宝缯自头两侧下垂至肩；面相丰圆，双目下视，细颈圆润，饰宽边项圈；斜披络腋，下着裙；有披肩，披巾搭肩自两臂下垂至膝，双排璎珞呈"X"状交于腹部宝相花中；左手提净瓶，右臂上举，饰手镯，手握披巾。下部为方形须弥座，共五级，雕刻有简单的对称卷曲纹饰。菩萨原整体立于方形须弥座上，现已残断。

正面

侧面

（四十四）
# 狮子座菩萨石造像

局部

原登记为南北朝，调查重新确认为隋。花岗岩石质。高28、底宽16厘米。1989年征集于秦安县王尹乡张底村，秦安县博物馆藏。

菩萨倚坐于狮子座上，桃形头光。面相丰圆，双目微闭下视，圆翼小嘴，"丫"形髻（儿文殊形）；右手施无畏印，左手置于膝处以拇指压无名指、小指，中指指地；宝缯垂于两肩，颈部刻两道弧线纹，饰宽边项圈；斜披络腋，着长裤短裙；披中搭肩，自两臂下垂至足部两侧外扬；双排璎珞呈"X"状交于胸前宝相花中。狮座呈椭圆形，两狮相背，面朝外，造型逼真威猛。

正面　　　　　　　　　　　　　　　側面

## （四十五）
# 观世音菩萨像覆莲座

顶面

正面

隋开皇十四年（594年）。花岗岩石质。秦安县博物馆藏。

座底方形，上为圆形覆莲，顶面凿方形铆，正面前方两角雕饰物，已残。四面刻铭文，第一面，"夫妙胜／之道非／积善不／登地狱／之苦由／累恶而／顾是以／佛弟子／父王法／殊用权"；第二面，"同于亡男秦／贵造观／世音像／一区愿／亡息神／生净土／衣食自／然若经／三途难"；第三面，"见在眷／属生慈／□心蒙／受无厌／一切法／界众生／共咸斯／福"；第四面，"大隋开／皇十四年／岁次在／甲寅四／月□己□丑／朔八日／壬申"。

第一面刻文拓片

第二面刻文拓片

第三面刻文拓片

第四面刻文拓片

（四十六）

# 观世音菩萨石立像

正面

隋。花岗岩石质。像高132厘米。秦安县出土，现藏于甘肃省博物馆。

菩萨跣足站立，头戴化佛冠，大耳饰耳铛，宝缯自冠两侧下垂；面相圆润，弯眉秀目，嘴角含笑，表情祥和慈善；长颈溜肩，裸上身，斜披络腋；颈饰带花纹宽边项圈，正中缀桃形吊坠；有披肩，双排璎珞呈"X"状交叉于腹部圆环中，且璎珞下部交叉处又有宝相花连接；披巾过双臂下垂至足部，以阴线勾腰，系裙，衣纹流畅优美；左手下垂执净瓶，右手曲肘上举持物，有镯形腕饰。造像整体雕刻细腻，造型精美，不失为一件艺术珍品。

# （四十七）
# 佛石造像

隋。佛像面、手、腿部及佛座均有残缺。花岗岩石质。通高28、最宽处17、厚8厘米。原存放于麦积山石窟54窟，麦积山石窟艺术研究所藏。

佛像坐于方形高佛座之上，面部残损。施禅定印，面相丰圆，大耳，溜肩，身躯浑圆，内着僧祇支，袈裟自右肩外披于肘下，衣纹简练。为隋代典型作品。

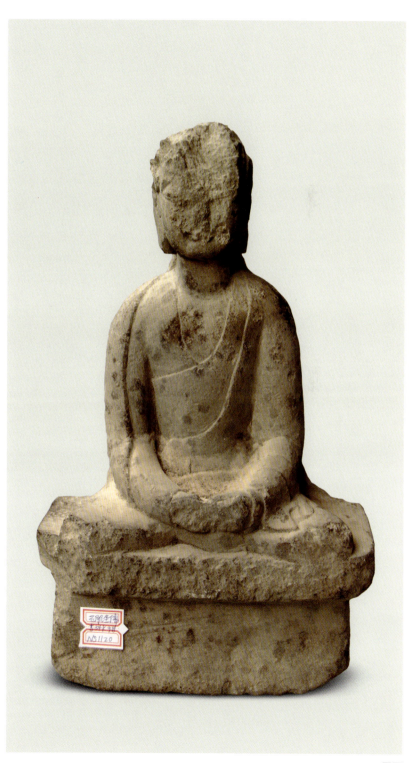

正面

（四十八）

# 石雕菩萨像（残）

正面

隋。花岗岩石质。残高 47、宽 49 厘米。麦积山石窟艺术研究所藏。

菩萨造像仅保留颈部至腹部以上部分及双臂，头部、双手及下半身已缺失。颈饰宽边项圈，戴网格状打结璎珞；披巾自双肩垂于双臂上，有腕饰，手部残缺。

# （四十九）
# 菩萨石造像（残）

隋。花岗岩石质。造像已残，仅存头部。残高 26 厘米。1986 年征集于秦安县郑川乡艾坪村，秦安县博物馆藏。

双重圆形头光，现仅存内圈莲花瓣；菩萨头饰祥云宝冠，宝缯垂于两耳后侧；面相方圆，双目微闭下视，嘴角上翘，面带微笑；颈部圆润，刻三道弧线纹。面部有残损。

正面

（五十）
# 仰莲座佛石造像

原名为释迦坐佛。宋。花岗岩石质。高 26.5、底座宽 11 厘米。天水市博物馆旧藏。

石雕佛像结跏趺坐于仰莲台上，螺髻，面相方圆，表情憨态，双眉弯月状，两目下视，额有白毫（点红），鼻翼较丰，嘴角上翘，双耳硕大，颈短粗；左手作与愿印，右手触地印；斜披袈裟，袒右肩。衣纹线条雕刻较粗。

正面

## （五十一）
# 须弥座佛石造像

正面

原登记名为石坐佛。宋。花岗岩石质。佛高 52、座高 17.5、宽 28 厘米。出土于天水市秦州区北山顶皇城遗址，天水市博物馆藏。

石佛像由两部分组成，上为坐佛，下为须弥座。佛结跏趺坐于仰莲台上，螺髻，面相丰圆，额有白毫，两耳硕大，闭目深思，上嘴唇刻有胡须；左手平放于左股上，右手作触地印。内着僧祇支，袈裟自右肩外披于肘下，衣摆下垂于仰莲之上。下为须弥座，四周雕六神王，宽带束腰，双手皆作托举状。座上沿一周雕刻龙形纹饰，下沿雕刻云纹。

底座

# （五十二）
# 清水花石崖藏佛石造像

造像残件

局部

　　2012年3月6日，据清水县文物局同志讲，陇东乡花石崖寺庙里藏有一批石造佛像，石造像原属于清水县旺兴乡史家河三台寺。我们在县文物局同志的陪同下前往调查发现，所有造像基本残缺不全，且残件均没有头部，仅存颈以下部分及佛座。根据造像衣纹、石雕狮子和大象等分析，造像可能是金代遗物。天水地区在宋金对立时期处于两国交界处，边界不稳，但基本上是以渭河为界。渭河以北地区长期由金人占据，渭河以南一部分地区仍是南宋的管辖地域。清水地处渭河以北地区，属金人占据。

坐像

立像

狮子底座

大象底座

（五十三）

# 倚坐菩萨石造像（残）

正面

年代不详。胸部以上缺失，下部污染严重。高12、宽15、厚7厘米。原存放于麦积山石窟176窟，麦积山石窟艺术研究所藏。

造像为一倚坐菩萨，为弥勒菩萨，善跏趺坐；披巾交于腹部环形饰物处，衣纹线条流畅，质感丰富；左手下垂至膝盖；造像脚下佛座两旁各雕一狮子护法。

像背后有今人墨书文字："81年移交"。

（五十四）

# 菩萨手

年代不详。高14、宽7、厚2厘米。原藏于麦积山石窟57窟，麦积山石窟艺术研究所藏。

造像原应为一菩萨，现仅存一只残手，手中执环（残），现已部分缺失，手背丰润，富于质感。

背部有今人墨书："15号"。

正面

# 造像碑

造像碑是佛教信仰物像崇拜的表现形式之一，因多在石板上雕造佛像而名，流行于北朝时期。此类碑一般由三部分组成，即碑额、碑身和碑座。碑额多为半圆形，以二龙、四龙相交常见，龙身下多雕刻佛龛，有单龛和多重龛。龛内造像或一身佛，或一佛二菩萨等。碑阳一般刻若干化佛，内容单一，造像雷同。碑阴与碑阳类同，有的在碑阴上半部分刻化佛，下半部分刻发愿文。有的还在碑身两侧刻铭文。碑座多为方形莲花座，刻吉祥纹样。

本书共收录造像碑12件，其中北魏时期1件，西魏时期2件，北周时期8件，明正德年间1件。

从形状上分，天水地区发现的造像碑有于碑阳、碑阴两面雕刻之扁体矩形碑和四面体雕刻之方形碑两类。从形制上大体又可分为三种类型：千佛碑像，刻有许多整齐排列的小型佛像之千佛造像；多重龛造像碑，主要一般在碑阳、碑阴各雕出二或三层的佛龛式碑；单龛造像碑，全碑仅雕为一龛，龛内造像或是一身佛，或是雕一佛二菩萨或二弟子。

# （一）
# 武威王千佛碑

北魏大代永熙二年（533年）。砂岩石质。通高172.5、宽72、厚17厘米；碑首高48、宽81厘米。1989年出土于张家川回族自治县木河乡店子村，现藏于张家川回族自治县博物馆。

该碑由碑额、碑身和碑榫三部分组成（底座缺失）。两面雕刻，共雕刻造像514尊。

碑阳，碑额呈半圆形，雕两龙相交盘曲，两边龙首均向下至碑身上眉。

碑身上部中间雕刻尖拱形佛龛，内雕一佛二菩萨，主尊端坐方形高台座上，半结跏趺坐，衣纹密褶，下摆下垂搭于台座上，以阴刻线刻身形背光，头与上半身残损。二菩萨侍立两侧，以阴线刻有桃形头光，皆上披巾，下着裙，头部均残损。龛左右及碑身和碑榫部分刻21层小龛佛。

碑阳碑首

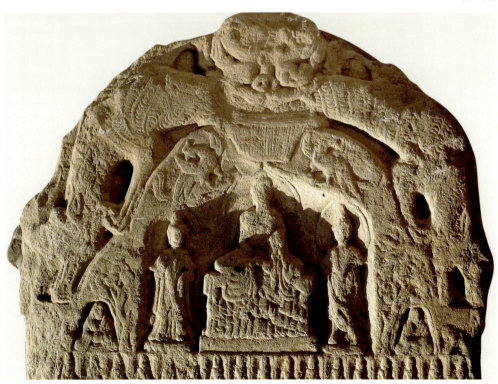

碑阴碑首

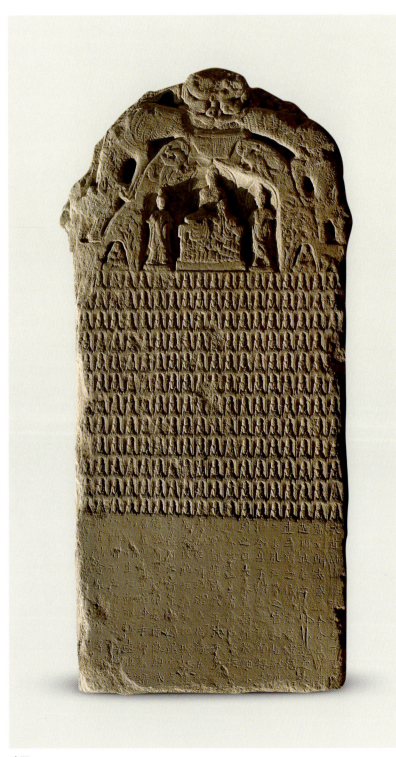

碑阴

碑阴，碑额亦为半圆形，雕两龙盘曲，姿态不同于碑阳碑额，两边龙首均向下至碑身上眉。

碑额额首正中雕一兽首，中部刻尖拱形佛龛，龛外有树、飞鸟等雕刻痕迹，现已漫漶不明。龛内雕刻一佛二菩萨，佛及菩萨有桃形头光。佛结跏趺坐，褒衣博带，衣摆密褶下垂，搭于方形高台座上。菩萨皆上披巾，下着裙。龛左右下部各刻有一小龛，内均雕一佛禅定像。碑身上部为12层千佛造像，下部为发愿文，魏碑体，共18行，每行11字，合198字："夫道迹幽微□□年形圣像／虚玄朗志感通今含生仰慕／迦开波若之德故能证度六／建三宝之信当前莫迷悟之／三乘弘三界之苦□施致遇／福今身不树善法缘愿将来／门之因六□腾转龙□陇外／因人□建善清信弟子使持／将军都督武威王成平多残／生□三有沉落幽俗处在轮／是本风驰栖霜襄拥世□通／灵遭罚六行业□转运度莫／烦尘行息恨恨誓发微愿减／属雇高者冥类妙手仰为旷／七世所生六道所趣远离三／八难有形之类□然□□□／龙华初会果□□首寻发□／大代永熙二年岁次□癸□丑□"。

碑阳碑首

碑阴碑首

## （二）
# 王绍明造像碑

西魏。青石质。座佚失。碑额高 20、厚 6.5 厘米；碑身高 40、宽 23、厚 6.5 厘米。现藏于秦安县博物馆。

碑额为相交蟠龙，正中雕兽面，口衔龙身。下刻铭文，5行25字："秦州天水郡／□县民三□／□显亲里安／西将军河州／刺史王绍明"。

碑身刻铭文，9行7列，有界格，楷书："殖买根于幽极任冲和／讬生禀姓儒雅□□朗／幼而孝悌仁义并□雄／□士□□影世□敬三／主崇灵梵不聿桓命九／□合境敏惜真不□／造碑铭以示后贤耳"。

# （三）
# 权氏造千佛碑

西魏大统十二年（546年）。碑高120、宽67.5厘米。秦安县出土，现藏于甘肃省博物馆。

千佛碑四面雕刻，碑首为四龙蟠交式。

碑阳碑额两龙身相交正中处雕兽面，兽口衔龙身。下部开外方内圆浅龛，龛内雕一佛二菩萨二弟子，佛结跏趺坐于方形须弥座上，施无畏印，衣襞悬垂座前；二菩萨头戴宝冠，跣足立于台座上，有项饰、披巾，着长裙。二弟子着袈裟，立于佛身后；龛外左下侧有2身供养人，一人直立，一人呈拜揖状；右下侧有3身站立供养人。大龛之下又雕七个小佛龛，龛内各雕1尊坐佛。

碑身雕10行浮雕站立千佛，每行30身，共300身。千佛之下依次雕刻供养人立像8身（中间夹以铭文）、车马出行图、供养人10身。

碑阴碑额上部圆拱形龛内亦雕一佛二菩萨二弟子，佛结跏趺坐于须弥座上，施无畏印。龛外两侧刻2只护法狮子及驭狮奴。大龛上雕刻2身飞天。碑身雕刻千佛，千佛下

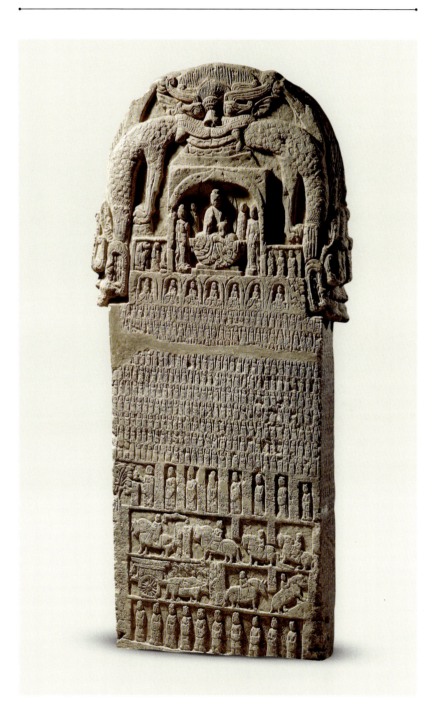

刻发愿文："大魏大统十二年□□弟子权早□供养佛"。

碑左侧面为千佛，右侧面上部雕千佛、下部为供养人。整碑以千佛为主。

## （四）
# 龙骧将军千佛碑

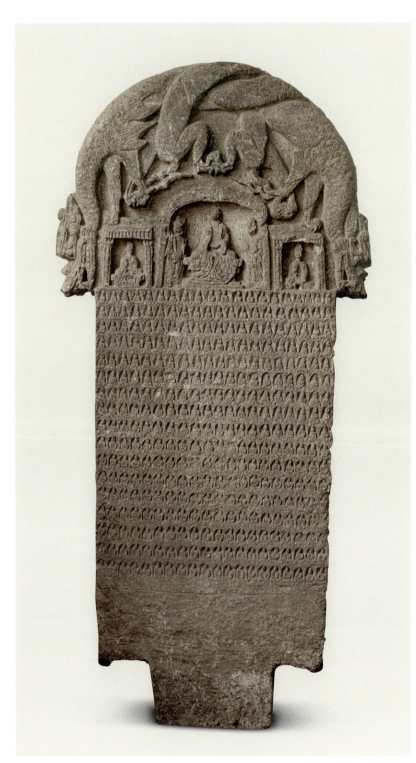

碑阳

北周。花岗岩石质。通高126 厘米，碑额宽 60 厘米，碑身高 69、宽 45.3、厚 5.8 厘米，碑榫上部宽 24.2、下底宽 22.7 厘米。有碑座。碑双面雕刻，左侧面刻有发愿文。甘谷县磐安镇尉家磨村千佛寺藏。

千佛碑由碑额和碑身及碑座三部分组成。

碑阳，碑额为半圆形，雕刻有两条交龙，龙首在碑两侧朝下，左边龙身雕有翅形纹；右边龙身上雕鳞甲，头部雕刻与左龙大小略有差异。下雕一大二小三个佛龛，两边为方形小佛龛，居中为尖拱形大佛龛。正中龛内雕一佛二菩萨，三像头部残。主尊半结跏趺坐于方形须弥座上，施无畏、与愿印，着双领下垂式大衣，衣褶繁复，衣摆垂于佛座前呈弧形；二菩萨跣足侍立两侧，左菩萨颈部有项饰，身有披巾，着裙，右手执物，右菩萨仅存大致轮廓。左边屋形龛，两龛柱头有斗拱，内雕一坐佛，结跏趺坐于须弥座上，右手施无畏印，面部残，衣摆下垂于佛座下；右边屋形龛，内雕一坐佛，结跏趺坐，面部残，右手施无畏印，衣摆下垂于佛座下。

碑身从上至下雕刻小龛，龛内雕小佛，共计纵20列，横17行。

碑阴，碑额两条交龙对应阳面，不同的是，此面所雕二龙占去整个碑额，比碑阳龙显得较大，龙爪、祥云之下雕8尊小化佛。碑身上半部两边雕与碑阳大小相同的小龛佛，三行六列，中间雕有比两边更小的五行、八列化佛，下部雕有同样小龛佛数行、数列。局部有磨损。

碑阴

碑阳碑首

碑阴碑首

碑阴上半部

碑身左侧上部刻铭 碑身左侧下部刻铭

碑身左侧面刻有发愿文和供养人题名,分为上下两段。

上段:"龙骧将军天水太守□比丘尼比丘□真／辅国将军北□太守□法化比丘法洪／辅国将军□抚军□州刺史上□唯□洛灵比丘道追／□□抚军□□县令上□□□仁比丘□法□生"。下段:"息□□孙□□□罗优婆塞上□□圆□／息□□猛孙文殊□优婆夷王其□□／息普明／息普□映"。

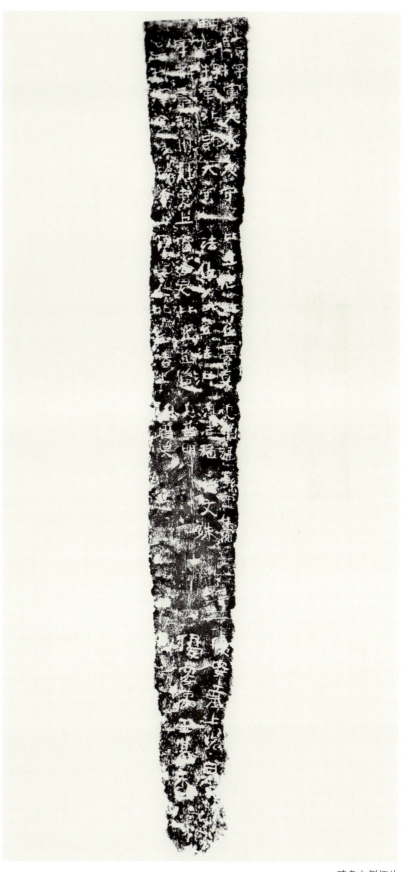

碑身左侧拓片

碑座，呈倒梯形，上部两侧向外凸，正面有三道横线，侧面雕刻兽面。花岗岩石质。通高 83 厘米，上沿长 110、下底长 51 厘米，侧边宽 26.5 厘米。

碑座正面

碑座侧面

磐安镇尉家磨千佛寺重建碑记：

"千佛寺不知始建于何时，然流传至今之千佛碑佛象（像）造型完美，姿态自然，为北魏艺术珍品。据此可断，千佛寺初建应在北魏时期。明万历年间乡贤原一桂重修。康熙元年正月二十五日毁于地震，康熙十九年再建，至康熙五十七年地震又毁，遂湮灭近二百年。光绪末，本乡举人原箓贞时任迪化教授，夜梦菩萨托付寻碑建寺，于是千里迢迢返乡筹建，启千佛碑于瓦砾之下，建宝殿于原址之上。光绪二十七年正月十五日重立千佛碑。及至文革，斯文扫地、文物蒙劫，千佛寺毁灭殆尽，千佛碑为乡民收藏，侥幸保存。二零零六年乡贤原继贤主持重修千佛寺，民众踊跃捐资。经四年时间，于二零一零年九月三十日竣工，寺院面貌焕然，当年胜景在（再）现，立此碑以记之。"

据千佛寺管委会二零一二年四月初八日立"磐安镇尉家磨千佛寺重建碑记"记载：千佛寺初建应在北魏，康熙十九年重建，光绪二十七年正月十五日重立，二零一零年九月三十日重建，村民认为千佛寺初建于北魏。我们在调查中看到的建筑为新建，无法确认建筑年代，但收藏的千佛碑应为北周时期。

磐安镇尉家磨千佛寺重建碑

（五）
# 权道奴造像碑

碑阳

北周保定三年（563年）。砂岩石质。通高82、宽32.5、厚6厘米。1965年秦安县征集，甘肃省博物馆藏。

碑阴、阳两面和两侧面均有刻文。

该碑由碑额和碑身组成，不见碑座。碑额雕4条蟠龙，龙首朝下。碑阳额中刻"伏富寺"三字。碑身为发愿文及供养人名。

碑阴额中间雕刻屋形龛，内雕一佛倚坐在高平台上，佛施无畏、与愿印，高圆肉髻。龛外两侧各雕一站立供养人。碑身上部雕一站立的马，马头朝内，两后腿稍弯曲。马头前雕一牛拉双轮车，牛头低至马头下，牛身左侧有一人站立，左手弯曲向前伸，马及牛车两侧和下部均为供养人名。

碑阳碑首

　　碑阳发愿文及供养人题记："周保定三年岁在癸未六月甲午／朔廿日癸丑佛弟子权道奴割施／财产之余发誓斯愿为家口／大小建立弥勒石像一区并为亡父母／兄等造碑一所亲迎妙匠尽奇／巧思担石表容

兹俨然愿家眷／休延命齐天寿仕官高迁富／禄无穷子孙昌炽流光万世亡者／归真永断苦因国主清化民安／丰洛佛法长辉取迷归正□／□之愿普诸灵境／亡父阿驴／亡伯帛安／亡叔阿兴／亡叔兴洛／亡叔松洛／

亡叔洛丰／亡兄伏富／亡兄清椭／亡兄标安／亡弟标富／亡侄洛超／亡侄庆超／亡侄帛超／亡母辛香姬／亡姊周妤／亡姊僧姿／亡姊小女／亡嫂妙男／亡侄女□□□"。

碑阴

碑阴立马和牛车两侧供养人题名："匠□权帛郎 息□延和"。

碑阴下部供养人题名："荡难殿中二将军都督渭州南安郡守/阳县开国伯权道奴供养佛时/息郎起 侄儿僧郎 世荣孙长/息郎琛 清信姊昌松郡君王女俄 孙□始/息永琛 清信姊/吕女姿 孙女小容/息永集清信嫂廉男叙 孙女阿□/息永袄 姊香秀 孙女帛容/息永德 女永妃供养 孙女善容/息永富 息姊廉益男/侄姊王善如/息永檀 息姊吕要男 外生吕阳如/孙应善 孙女伯容姊侄王子郎"。

碑阴两侧面供养人题名："□□申 亡姊公 王□颂 亡姊弟僧安/□长容 亡姊母仵帛 亡姊弟显安 亡姊弟伯恶/从侄永安 妻王法秀 从侄法僧妻王各秀 从侄道元妻王妃/外生王明 息姊侄王清妃"。

碑阴碑首

碑阳拓片

碑阴拓片

（六）
# 王文超造像碑

碑阳

北周保定四年（564年）。花岗岩石质。高96.5、宽40、厚12厘米。秦安县刘坪乡任吴村征集，甘肃省博物馆藏。

该碑由碑额和碑身两部分组成，碑座后配。碑额为四条蟠龙，龙首朝下。阴阳两面雕刻工艺基本相同。碑阳正中刻"还乡寺"三字。龙身下均刻佛龛，碑身两面和两侧面刻有发愿文和供养人题名。

碑阳"还乡寺"三字下正中雕刻双层尖拱形龛，内有一佛二弟子。佛半结跏趺坐在方形佛座上，施无畏、与愿印，肉髻较大，面部圆润，两耳下垂，面向下视，着双领下垂式，衣摆自两臂下垂至座前呈半圆形。佛两侧各站立一弟子。两边各雕刻一小尖拱形龛，内各雕一佛，施禅定印、结跏趺坐。

碑阴额下中间雕尖拱形
龛，刻一佛二弟子。左侧为宝
幔形龛，刻一倚坐菩萨，左手
上举一管状物，面向中间佛龛；
右侧为屋形龛，倚坐一菩萨，
右手举一扇状物，面向中间佛
龛，应为摩诘、文殊对坐论法
之题材。该碑造像题记内容丰
富，是研究北周时期历史和地
方民族文化重要的实物资料，
同时也是难得的汉隶、魏碑书
法史料。

碑阴

碑右侧面

碑左侧面

碑阳发愿文："保定四年二月庚寅朔十四日／夫先出轩辕支惟帝喾姬仲□／王之次子江亭周世之封名兹／于百代焕乎方策累叶簪缨天／下称为盛后选土豪常为次弟／自入起战已来蒙儌辅国将军／中散仪同司马王文超属逢逶／未薄识□儌割姿生之入造浮／图三劫并铭一所选石崟山工／过世表仰愿四海宁往生净土"。

碑阴题记："权杏保小妹夫权舅仁奴阳仁来／佛弟子王文超妻吕阿□／岐解愁息王景景先小□／侄苟与郎妻权帛香息□／明息女善徽外吕绍吕□／超姊僧姿眇姿茹姿何□／妹帛姿羌姿外子晕僧□／叔父王清仁弟白福鸿□／肆保侄王显弟显达清□／义珍庆崇买□僧空永□／吕仕斌权洛万王绍子相□"。

左侧面题记："吕定炽常桂妙乐其辞曰子超洪进吕门／吕王明外权道生弟子袭标达庆标子殊义达僧绍从弟王茧仁子明始□景略□／"。

右侧面题记："忘父坞进忘母续男忘兄令炽嫂帛朱／忘伯父进富忘叔烦进叔拜侍妹苍姿／亡叔仵烦坞儿郎富兄安超妹帛汝"。

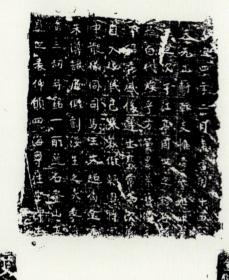

碑发愿文、供养人题名拓片

## （七）
# 清水鲁恭姬造像碑

碑阳

北周天和二年（567年）。砾岩石质。碑通高200、宽85、厚56厘米。清道光年间出土，1932年立于赵充国陵园至今。2006年被公布为全国重点文物保护单位，与麦积山石窟合并归入第一批全国重点文物保护单位名录。

造像碑四面雕刻，右下角微缺，圆拱形碑额。

碑阳：方圆形碑额，碑身刻一佛二菩萨。主尊有桃形头光，跣足站立于九瓣仰莲台上，肉髻低平，面相丰圆，曲眉直目，高鼻小嘴，颈短粗圆，着双领下垂式大衣，衣纹自然流畅，佛右手施无畏印，左手置胸前执钵。桃形头光两侧各有一尊小化佛，结跏趺坐，所执物不清。小化佛上部至外沿刻两飞天。头光正上方刻一菩提树，枝叶繁茂，树冠椭圆。二菩萨侍立于仰莲台上，莲台下各有一蹲狮，面朝里。下刻供养人数身。造像雕刻简练。

碑阴分为上下两段，上段碑额，下段碑文。

碑额为圆拱形龛内正中刻一佛二菩萨二弟子。主尊结跏趺坐。两立柱外左为文殊骑狮，右为普贤骑象。二弟子站立于佛两边。沿圆拱形龛内沿下刻七化佛。

碑阴

右侧面

下段发愿文："天和二年六月十□□／左员□侍郎南阳枹罕二郡太守／郡功曹郡平望清水句法袭为亡／妻鲁恭姬造释迦定光并等身像／二躯息刺史蔡国公士曹从事功曹长／晖次息长荣侄仕遵僧允僧进显昌／孙怀□杨氏妹凤姜垣氏女永妃／毕氏女□女女保妃／"。

碑左侧面分上下两部分，上部分为一立佛，因刀工较浅，已漫漶不清。下部分刻四人，左边一人站立，双手合"十"，似为一立佛，右边三人面向站立人（疑为借花献佛）。

碑右侧面：分上下两部分。上部分疑为"成等正觉"图，已漫漶不清。下部分分为三节。从上至下第一节，树下刻五人，前排四人，后排一人（疑为"树下诞生"图）。第二节刻六人，左边一立佛，右边站立五人。其中左一人将自己长袖托在佛足下，其旁一人为佛撑华盖，后三人站立。第三节刻六供养人，已漫漶不清。

左侧面下段

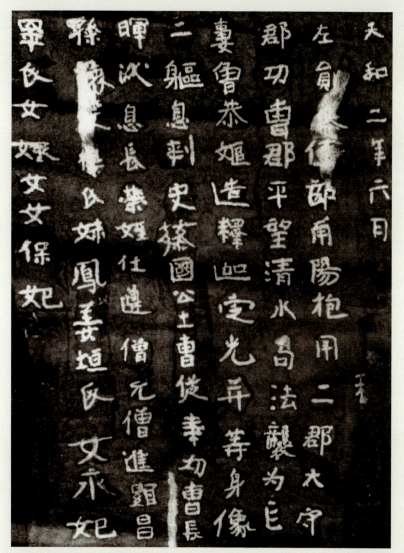

发愿文拓片

## （八）
# 王令猥造像碑

碑阳

北周建德二年（573 年）。花岗岩石质。通高 113 厘米，碑身高 67、宽 39 厘米。1973 年出土于张家川回族自治县。甘肃省博物馆藏。造像碑四面开龛造像，并在不同位置刻铭。

碑阳：由碑额和碑身两部分组成。

碑额：高 23、宽 42 厘米。四龙交蟠状，两两成对，龙首向外朝下，形成方圆形碑首。中部刻尖拱形龛，内刻一佛，结跏趺坐，施无畏、与愿印，面相方圆，低平肉髻，着通肩大衣，胸部"U"字形衣纹，衣摆呈"W"形垂于佛座下。

碑身分三部分。

上段：方形框内刻帷幔形佛龛，两边有龙头缨三组，帐内雕一佛二菩萨。主尊半结跏趺坐于方形佛座上，右脚搭于左股上为吉祥坐，施无畏、与愿印，面相方圆，颈部丰硕，内着僧祇支，外衣斜搭左肩，衣摆下垂于佛座下呈半圆形，衣襞繁缛。二菩萨侍立，一手抱胸前，一手执如意，衣纹密集，流畅自然。

中段：长方形框内分为四

格。两边各刻一蹲狮，身向外，头朝内，左边雄狮怒吼威武，右边雌狮凝神贯注。中间两格刻两力士，面朝外，深眼隆鼻高颧骨，束髻高耸，项饰璎珞，一手置胸前，一手抚膝，下着长裙。

下段：全部是阴刻发愿文，每竖行4个字，全可释读。共56个字："庆延明父／母等敬造／石铭一区／高四尺弥／勒壹堪释／迦门壹堪／前有二师／子伏令忘／息等神生／净土值愚／诸佛龙花／三会愿在／祈首合家／眷属一年"。

碑阴：由碑额和碑身两部分组成。

碑额造型与碑阳额基本相同，中部开圆拱形龛，佛像通高20厘米，佛高19厘米，结跏趺坐于长方形佛座上，施无畏、与愿印，肉髻扁平，面相方圆，着双领下垂式大衣，衣摆下垂于佛座前呈燕尾状。

碑身分上下两部分，上部为半圆雕，下部为减地刻。

上部中雕一尖拱形龛，内雕一佛二菩萨。主尊为弥勒佛，高19厘米，倚坐，跣足踩于方形平台上。佛面相方圆，旋纹肉髻扁平，颈饰项圈，内着僧

碑阴

祇支，施无畏、与愿印，披巾自双肩下披，至腹部交叉穿环后绕膝上折，再自双肩外侧下搭，两手指残。二菩萨跣足站于两侧，面相方圆，头戴宝冠，饰 V 字形项链，肩上有宝相花饰，飘带顺肩下垂，披巾自肩至胸环膝而上，自两臂下垂于足下，一手拈花于胸前，一手执如意，着长裙。

龛两边刻铭文。右边："猥清信息女道容清信／女颜容清信华容供养"。左边："猥弟永世法标姪元庆／弟王薄王安绍先孙何妮"。

下部雕刻上下两组供养人车马出行图。

上组为，刻牛车图和骑士图，前为牛车拉轿车图，后为骑马行进图。共四个人物。牛车轿顶前高后低而前倾，车厢侧面设两窗，前窗一人露面，车轮辐辏清晰，牛体肥硕，牛背一人露面，应为牵牛人。

牛车前部有铭文："王息女帛／女乘供／养佛时"。

后边骑士半侧面，头戴卷檐毡帽，脑后发辫横出。上着贴身圆领衣服，下着胡服长裙，马靴踩蹬，作勒马势。马膘肥体壮，气息高昂，长鬃自然下垂，作前行状，马背后有侍者斜撑华盖于骑士头顶。

马首前部刻文："忘息延庆乘马供／佛时"。

下组为，一牛车，一骑士，一牵牛人，共两个人物。

牛车大于上部牛车，车的造型与上部大致略同，只刻了车棚框架，外表简略，应为辒车。骑马人较上部矮，形状类同正侧面。

牛背上部刻有文："扶车／奴丰德"。

牛车下部亦刻有文："忘息延明乘车／马供养佛时／忘父元寿／供养佛时／忘母皇甫男／奸供养佛时／忘息女香容／供养佛时"。

右侧面：上部刻图，下部刻铭文。

碑额双龙头下开圆拱形龛，内刻交脚菩萨坐于覆莲座上，头顶菩提树，施无畏、与愿印。菩萨头戴宝冠，有耳饰，戴项圈，双肩有圆形饰物，披巾交于腹部穿环，环两腿而上绕肘外扬，长裙呈"曹衣出水"状。

下刻铭文（接碑正面下部"庆延明父"）："建德二年岁次癸巳五月丙寅朔／正信佛弟子堡主王令猥嘱值伯／陆盈缩无常知德可舍知善可崇／以减割妻子衣食之人为忘息延"。

左侧面：碑额双龙头下开长方形龛，龛高 19 厘米。圆雕倚坐佛一尊，施无畏、与愿印。下刻铭文，分为上下两段。

下段刻 5 直行，每行 4 字（接正面"眷属一年"）："以乘百年／以还众灾／消灭含生／之类普同／斯愿"。

上段自右向左横行排列刻字，计 11 横行，每行 5 字："佛弟子堡主／王令猥息旷／野将军殿中／司马别□驾嵩／庆孙子彦子／茂子开子初／清信梁定姿／清信张女如／清信权男婴／清信权影晖／女子晖贤晖"。

碑阴

## （九）
# 慈航宫造像碑

北周建德年间。砂岩。造像碑中部斜断为两截。秦安县博物馆藏。

该碑由碑额、碑身和榫头三部分组成。

碑阳碑额顶部透雕二龙尾部交缠蟠曲，龙首均向外朝下；碑额正中开长方形佛龛，龛内雕一佛善加跌坐于方形佛座上，面部、双手均残。

碑身分两部分雕刻。上部开尖拱形龛，龛楣上方左右两侧各雕一飞天，龛内雕一佛坐于须弥座上，两侧侍立二菩萨二弟子。龛外左右两侧雕二力士。下部有刻文，部分字迹漫漶不清，自右至左可见："慈航宫碑／此碑亦出井中如果瘗自北／周建德时迄今千三百四十／余年□龙额龟趺佛像居其／中□□□□□□□□□□／□□□□□□□□□□□／□□□□□□慈航宫碑□／□□□□于□阴要非梅□居／□□□□□□□□理万不□／成□□大□□□□□□□／□墙□□□□□□□□□／校其□□□□□□宫□□／□□□□

何□人题／中华□民国□□□年□夏□"。

　　碑阴碑身上部雕二佛说法，相对倚坐于须弥座上，两侧雕侍立人物，面部、衣饰均残损，无法辨认。碑身下部磨损严重，横向刻有文字"梅""为""北""有所考""谨志"等字样，右下部雕刻有树干状图形。从碑文内容看，该碑碑文系民国时书刻，文中推断碑为北周建德年。

碑阴下半部

（十）
# 叁交（文）寺造像碑

碑额

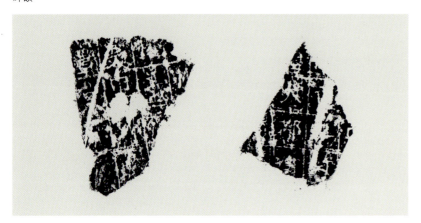

残石拓片

北周。花岗岩石质。残碑。甘谷县西坪乡湾儿河红凡沟村出土，甘谷县博物馆收藏。

因损毁严重，出土时仅发现五块残碎石块，尚不能拼接成形。碑额雕蟠龙，正中阴刻"叁交（文）寺"，其他碎块中也刻有文字，通过释读，有"天水郡"等字样。一同出土的还有造像塔、立佛石造像等。

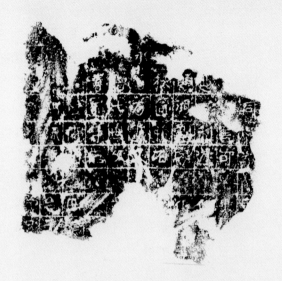

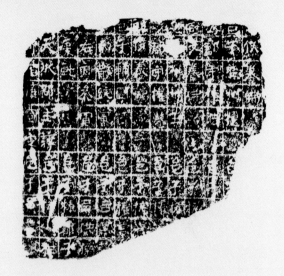

残石拓片

残石拓片

叁交寺碑残块

## （十一）
# 石雕千佛碑

北周。砂岩石质。残断，呈五边形。高25、宽15、厚7厘米。麦积山石窟74窟正壁主佛右侧佛座处出土，麦积山石窟艺术研究所藏。

现存残断部分残面雕有21身坐佛像，身后均有莲瓣形背光，且第三、四行佛除背光外还有头光。坐佛均高圆肉髻，着较厚重的通肩袈裟，胸前"U"字形衣纹，双手前置于腹部，广袖贴于腰部。现存残碑上有蓝绿色颜料痕迹，推测以前应为彩绘。

残碑阳面

# （十二）
# 正德九年砖碑

明。陶质。碑中间断裂为两截。高49、宽34、厚5厘米。来源不详，麦积山石窟艺术研究所藏。

正德九年砖碑，碑额分为两部分，最上正中刻有一个"佛"字，单人旁"亻"为双钩阳刻，"弗"为阴刻；佛字之下框内刻有纹饰。碑身刻有文字，分为两栏，上栏内容为："千古百年复皆昌／九宫八卦安阴阳／诸佛流下安身意／天地日月助三光／临齐下二十三代／佛照本禅师圆喜圆才圆嗯／正德九年"；下栏内容为："住持静泉海藏／父母夏纪姚氏／弟夏景禄／夏永□／姪男夏得安／夏卅安 夏得正／夏得文子夏□安／夏回安 夏廷安／夏正安 夏受安／夏能喜"。

正面

委会尉书记等的邀请下，我们先考察了该村一小型寺庙——千佛寺，随后他们在一隐蔽地方抬出了用红布包的严严实实的包裹，一层一层地解开红布，露出了一块石碑。他们给我们讲述寺庙和石碑的故事，我们一边听，一边详细观察石碑。经过他们允许，我们对该石碑进行了拍照、丈量尺寸、锤拓拓片。经我们考证，该石碑系北周"千佛碑"，保存完好。据他们讲，这块石碑仅向我们进行了展示，还从来没有向村外其他任何人看过。对于这块石碑，村里人视为镇村之宝。期望把石碑永久保存传承下去，但遇到的问题是，放在室外害怕被人偷盗，修建一固定设施又没有资金，提出让我们帮助解决一部分，我们答应了他们的要求。在高原寒冷的暮色下，我们离开了尉家磨村，晚10点到达甘谷县城，县博物馆的同志还在宾馆等待着我们。这既是调查组工作的写照，更是基层文博单位、广大干部群众关心保护文化遗产的一个事例。事情已经过去了快五年，每当我想起那次经历，似乎又看到了村民质朴而又期待的眼神，心里很是难受！在我写完本书《前言》之时，通过天水市博物馆和县文化局、博物馆的共同努力，市博物馆通过县文化局给"千佛碑"保护设施拨付了3万元资金，我作为该书的作者向他们表示感谢！

通过以上事例，我们看出，历经5年多时间，参与课题的同志确实付出了很大的心血，在此表示深深的敬意！

文物出版社为编辑出版提供了支持，在此向他们一并表示诚挚的谢意！

编　者

二〇一七年十月